実践版
カーネギー

はじめに

デール・カーネギーの世界的ベストセラー『人を動かす』と『道は開ける』。ビジネスにおける人間関係の重要性を説いた『人を動かす』は、全世界で1500万部以上を売り上げる、自己啓発書の金字塔であり、悩みや苦しみへの対処法を提示した『道は開ける』も、ストレスに悩む現代人に受け入れられている。

『人を動かす』とは日本語訳された際につけられた邦題で、原書は「友を獲得して人に影響を与える」がタイトルになっている。人に影響を与えるには、まずその人と友人になることが大切であり、友人のためなら人は、その人の言うことを聞くというストーリーが展開される。このため『人を動かす』では、いかにして友人を獲得するかに主眼がおかれ、友人を得る方法が説かれている。

その方法とは、一言で表すと、人に好かれる方法である。『人を動かす』は、日本のビジネスパーソンがタイトルから期待する「人を管理して、動かす」方向とは内容的に異なり、逆のこともある。実際、人に好かれるかどうかでなく、人を動かしたい一心で、この本を手にしているケースが少なくないようだ。このため気の短い読者は冒頭の段階で、この本を読むのをやめてしまうかもしれない。

しかし、カーネギーの考えの根底を理解できる者は、それが〝急がば回れ〟の格言通りであることを知ることになる。

『人を動かす』では、人から好かれる具体例をあげながら、読者を納得させていく。その具体的方法は、私が専門とする社会心理学の「対人好意」の研究分野と重なる部分が少なくない。この研究分野は、近年、大いに発展し、多くの成果をみることとなってきた。

そこで私は、社会心理学の中でも、このような対人的関係を扱った部分を、〝対人心理学〟として独立させ、より社会の関心に応えてきた。

対人心理学の成果は、実はカーネギーの説くところと重なる。そして私は対人心理学者として、人間関係の理論の原点ともいえるカーネギーの『人を動かす』の内容について、対人心理学の実証的データに基づいて分析するという試みを、長年行っている。

本書ではまず、『人を動かす』というタイトルに魅せられた日本人に、カーネギーの『人を動かす』のクライマックスでもある「人を変える9原則」の中から、最も重要な〝ほめる〟ということにフォーカスし、対人心理学的に詳しく分析し、実践的トレーニングを示すこととした。

なぜ、「ほめる」ことが、相手の心をとらえやすいのか頭に入れて、実際の人間関係に対峙すれば、日頃、悩んでいる対人関係にもより良く対応でき改善されていくはずなので、しっかり身につけていただきたい。

一方、『道は開ける』は、個人の内面の悩みについての対処法が中心である。カーネギーが人間関係や話し方の講習をしていると、多くの人から、悩みを打ち明けられ、その悩みの解決法を問われた。そこで自ら、悩みの解決法のテキストを作成し、『道は開ける』を書き上げた。

『道は開ける』をまとめるにあたり、最も役に立ったのは、講習の現場での受講生とのやりとりだとしている。カーネギーは数年間、「悩みを克服する」というタイトルのクラスをもち、受講生から悩みと克服法について研究、実験、実践した。『道は開ける』は、『人を動かす』と異なり、実際に悩みを克服した体験談で占められており、大半が実名で書かれている。

カーネギーによると、『道は開ける』は悩みの克服法の処方箋で、実際的な本であるとし、読んで行動するための本でもあると強調している。

克服法自体は特段、目新しいものではなく、誰でも知っているような内容でもある。しかし、悩みの解決法は知っているか否かが問題なのではなく、無為、つまり行動しないことが問題なのである。『道は開ける』は、読者を眠りから覚まし、実行を促していく。

私の専門、対人心理学は人間関係の悩みの克服法を主眼とする。特に日本では、悩みの大半が人間関係にからんでいる。悩みの原因は対人関係にある。その人間関係を良くするには、まず、悩みの克服が有効になる。その点で、『道は開ける』の対人心理学的解説が必要なのである。『道は開ける』の最初は、悩みの基本事項や分析方法なので、これらを解説、簡略に、要旨を簡単に解説した。特に人間関係の悩みについて、その解決法を対人心理学的に解説しながら具体的トレーニング方法を示し、人間関係の力を高める方法を示して紹介していきたい。

アップルの創始者スティーブ・ジョブズの名演説の中に、

「今日が人生で最後の日だと思い、今日の生き方を考える」

というセリフがある。

これはカーネギーの考えに通じるものである。

今日一日だけの人生としたら、過去を悩むことも、将来を不安がることもない。精一杯できることをすることになる。そして実際にあるのは毎日続いている「今日」であり、「昨日」や「明日」は、存在しないのである。

存在しないものに悩まされるのは、もったいないことである。言われてみると確かにそうであるが、私たちは、その亡霊に悩まされ続けてしまう。だから悩みが頭の中に入ってこないようにストップし、追い出すことが必要である。本書ではそのための実際の方法を提示していく。

カーネギーは、決して難しいことを説いているわけではない。ほめることの重要性を認識し、今日できることにフォーカスすることで、人間関係が良好となることを心より期待します。

二〇一六年三月　齊藤 勇

目次

2

悩みは正面から対峙せず、意識の外に追いやる

『道は開ける』の要諦を対人心理学的におさえる

3

カーネギーの教えを体得する実践トレーニング

『人を動かす』『道は開ける』の要諦を実践から覚える

I

人を動かそうとする前に、まず人に好かれよ

『人を動かす』の要諦を対人心理学的におさえる

人の心をつかむ原則は
まず「ほめる」ことから

デール・カーネギーが『人を動かす』の中で強く訴えるのが、「人を変える9原則」と題した実践的なパート。「まずほめる」「命令せず、意見を求める」「激励して、能力に自信を持たせる」……。まさしく、リーダーやマネジメントをする立場の人にとって、相手の心をとらえて動かすための、要の原則である。

ただし「人を変える9原則」とは、日本語版のタイトルである。原文のタイトルは、「人の気持ちを害したり、怒りを生じさせたりしないで、人を変える方法」となっている。つまり人を変える方法は、あくまで「友好的な関係のもとで」という点が強調されている。

これらの原則は、すべての人を変えようとするときの原則ではない。リーダーとして、上司として部下と接するとき、どのようにすれば部下に反発を感じさせないで、自分の思うように部下を変えていくことができるかを説いている。

リーダーは部下に対してある意味では〝権力〟をもっているので、得てして命令口調や、権力的になりがちである。そのような高圧的な姿勢を戒め、部下と良好な関係を築き成果を上げていくためのノウハウを説いている。

そう思って、実際に部下に接するシーンを思い描きながら読むと、具体的に説得力をもつと思われる。９原則とは次の通りである。

人を変える9原則

〔原則１〕まずほめる。
〔原則２〕遠まわしに注意を与える。
〔原則３〕まず自分の誤りを話した後、相手に注意を与える。
〔原則４〕命令をせず、意見を求める。
〔原則５〕顔を立てる。

〔原則6〕わずかなことでも、すべて惜しみなく、心からほめる。

〔原則7〕期待をかける。

〔原則8〕激励して、能力に自信を持たせる。

〔原則9〕喜んで協力させる。


それぞれの原則は、一見すると誰にでもできる簡単な内容で、いまさら人から言われるようなことではない、と思うかもしれない。

しかし冷静に自らの日々の行動を振り返ってみると、意外と実行されてない部分もあることに気づくだろう。特に部下に対しては、実行できていないことを痛感するのではなかろうか。

「人を動かす」立場にあるときに、どうしても命令だけに終始したり、必要以上に指示をしたりしてしまいがちである。しかし、カーネギーはそのような一方的な方法を否定する。九つの原則の中で「いかに相手の身になって行動すべきか」という、意識を変える重要性を説くのである。

そして、相手の立場になって人を動かすには、友達になること。友達になるには、好かれること。好かれるためには、相手の自己重要感を満たすこと。相手の重要感を満たすにはほめること、と説いている。

人を動かすには↓友達になること
←
友達になるのは↓好かれること
←
好かれるには↓自己重要感を満たすこと
←
自己重要感を満たすには↓ほめること

この中で、**人を動かす具体的なアクションとして、「ほめること」を特に強調している**。さらに『人を動かす』で説いているのは、その逆、つまり人の批判や、非難は絶対にすべきではない、としている。

人を動かす、人の心を動かすことは難しい。もちろん命令すれば動くであろうが、それは表面的であり、心から動いているわけではない。部下といえども心が通じていなければ、本心から動くことはないのである。

対人関係の心得

相手の心を動かす強力な手段が「ほめる」ことなのである。

なぜ、失敗を指摘するだけではいけないのか？

カーネギーは、相手の落ち度をみつけたとしても、まずは「ほめなさい」と繰り返している。大半の上司は、もし部下の失敗や欠点をみつけたら、すかさずそれを指摘するであろう。

「部下が失敗したときは、その場で指摘することが大事だ」と多くのリーダーシップの本には書いてある。

あとで思い出して指摘するのは、効果的ではない。その場でならば、部下も何が悪かったのか、どこを直せばよいのかが理解しやすい。失敗直後ならば自分が失敗を感じているので、あとくされも少ない。指摘されるのも当然と反省できる。後々の指摘は、部下に「いまさら」という感覚を生じさせ、効果も少なく適当とは言えない。

しかし、それでもカーネギーは、落ち度の指摘から始めてはいけない、としている。部下の欠点や失敗に気づいたら、まずは〝ほめる〟べき、と強調している。部下が失敗しているのに、ほめることから始めることを、訝しがる人も少なくないはずである。

そんなことをしたら部下は、言うことを聞くどころか、つけ上がるだけだと反対する人もいるだろう。自らの経験を振り返って、失敗したときはその場ですぐに、ビシッと指摘することが大事だと考えるのも当然である。

カーネギーも、その場で指摘してはいけないとは言っていない。むしろ、欠点や落ち度は適切に指摘するように言っている。しかし、指摘から始めるのではなく、まずほめてから問題を解決せよ、と説いている。

『人を動かす』は、実践の本である。このため具体例が多く示されているが、この第一原則は次のような例が取り上げられている。

部下に下書きしてもらった、演説の文章が気に入らないというケース……。下書きを読むと、自分の言いたいことが書いてなく、文章もなっていない。そんなとき、上司は読みながらイライラが募ってくるので、すぐにダメ出しをし、下書きを突っ返す。それが普通であろう。急いでいるときは特にそうである。

しかし、それでは部下との良い関係は保てない。部下も一生懸命、上司のためにと書いたのである。そこで、読んでいるときのイライラは抑えて、まずほめることを考えるように、と触れている。

言うは易く行うは難し。特に、相手が部下の場合、表向きの反発はないことが多いのでつい、感情がそのまま出てしまいがちである。

そこをぐっとこらえて、部下だからこそそのほめ言葉を探すのである。

「なかなかいい文章だね、良くできていると思う。ありがとう」

とほめ、まず感謝の気持ちを伝える。

すると相手も喜び、同時に自分の気持ちもおさまる。

よく言われているように、感情の起伏は一瞬のことである。時間が経つと、大抵の怒りはおさまるものである。

強い情緒、抑えきれない興奮は一瞬のこと。長くても10秒であることを心得ておく。よく腹が立ったら「10」数えろ、というが、その「10」数えている間に興奮が冷め、多少なりとも冷静になり、取り返しのつかないようなことは控えられる。

腹が立った部下をほめると、もう一つ、心理的にいいことがある。それは、心理学で言う一時一感情説である。人は、一時に二つの感情をもつことはできない。ネガティブな感情とポジティブな感情を一緒にもつことは、人の感情システムではできないのである。

ということは、怒りの心をもちながらほめることはできない。ほめるときは少なくともその瞬間、相手にポジティブな感情をもつことになる。そうなれば、腹が立った感情が他の感情に切り替わるため、次に元に戻ったとしても、もう最初の勢いはなくなるのである。

部下に対しては、相手が弱者なため、ネガティブな感情がストレートに向けられやすい。上司は自分が思っている以上に、キツイ一言を浴びせてしまう傾向にある。これを防ぐ意味でも、カーネギーの言う「まずほめる」は的を射た根本トレーニングである。

「なかなか、いい文章だ。すばらしい」

とほめた後に、

「でも、今回の演説には向いてない。状況が合わないので書き直してくれ」

と、訂正し、どのように状況に合わないかを説明するのが良い。部下は反発心をもたずに、状況を的確に理解して上司の言う通りに書き直し、良い文章を仕上げてくるはずである。

これが、人を動かす極意の一つ、「まずほめる」である。

部下の落ち度をみつけたとき「まずほめるとはあまりに甘い考えである。それでは部下になめられてしまい、欠点を直すどころか増長するだけであろう」と、たいていの上司は考える。

しかし、最初から欠点を指摘し叱責すると、部下は欠点を直すどころか、逆に叱られたことで気落ちしたり、逆に腹を立て、上司に嫌悪感を抱き、言うことを聞く気持ちにはなれない。そんな心理状態では欠点は改善されないのである。叱ることで上司は疎まれ、しかも欠点は改善されない。

上司は自分の欲求不満を部下に押しつけがちである。意識して叱るのをやめ、気持ちを逆にして、ほめることから始めるべきである。

では、なぜ最初にほめないとダメなのか。それは、部下が上司を受け入れなくなるからである。人は相手を信用し受け入れなければ、その人の言うことを心から信用し、その通りに改善しようなどとは思わない。最初から叱られたら、ただ身を低くし、心を固く閉じ、寒風が通り過ぎるのを待つだけである。

たとえその場では上司の言う通りにしたとしても、それは一過性のもの、強制されたものと感じ、心から改めているわけでもない。これでは、部下との関係は良くならない。

最初にほめることにより部下の心を開き、信用を得ることが、その後、注意することを受け入れ、心から改善する準備状態をつくることになる。それをやらなければ人は変えられない。

なぜ人は、ほめられると心を開き、その人を好きになり信用するのか。それは、**ほめ言葉が人の自己重要感を満たすからである。**

これは『人を動かす』の根幹の心理である。自己重要感の充足こそ、人から好かれ、人を動かす最も優れた方法である。特に部下は、組織上の上下関係から、日頃、上司から重要視されていないと思いがちである。だからこそ上司のほめ言葉が効く。ミスをしたときは、この自己重要感が最も傷ついてしまうときである。そのときこそ、上司は尊敬する気持ちを強くさせることのできるチャンスとなる。だから、上司の一言によって変わるのである。これで上司は、本当に部下を動かし、変えることができるのである。

ほめられることで人は自己重要感を満たす。自己重要感は人間の基本的欲求の一つだからである。

カーネギーは、人間の基本的欲求として、次の八つの欲求をあげている。

健康と長寿
食物
睡眠
お金とお金で買えるもの
来世の命
性欲の満足
子供の幸せ
重要感

この八つの基本的欲求はいずれも重要で、人間にとって大事な欲求である。このうちの七つは日常生活で満たすことができる。

しかし第八の欲求、つまり自己重要感は、なかなか満たされない。だから、この欲求を満たしてくれる人は歓迎され、好かれるのだ。そして、その人の言うことなら、多少は無理しても聞こうとする。
つまり、人は動くのである。

対人関係の心得

自己重要感を満たす人が、相手の心を動かすことができる。

人を動かすのは理屈ではなく、感情である

部下が失敗した後のほめ言葉は、それがよほど大げさでない限り、心から受け入れられる。カーネギーはそのことを経験的に知っていたため、ミスの後の対応として「まずほめろ」と言っているのであろう。

これと関連した対人心理学の理論として、〝ゲイン・ロス理論〟がある。初対面の相手から、ほめ言葉や、けなされる言葉を連続して聞かされたとき、その人に対する好悪感情がどう左右されるか、を実際に実験した研究である。

実験ではアシスタントとして女子学生が採用され、参加者から、自分の対応の行動に対する評価を直接聞かされる。実験進行上必要という前提で、アシスタントは、自分に対する評価を同一人物から7回聞くことになる、評価者は、高く評価しほめることもあれば、低評価としてけなすこともある。

評価の内容には、次のような4つの種類が用意されていた。

▼前半ほめ、後半でもほめ続ける
▼前半はけなし、後半はほめる
▼前半けなし、後半もけなす
▼前半ほめて、後半けなす

このような評価を受けたアシスタントは、評価者にどんな感情をもつだろうか、それがこの実験の本当の目的である。

アメリカの心理学者アロンソンとリンダーによるこの実験。ほめられることにより高い自己評価を得るので、それをゲインといい、けなされることにより、自己評価を下げられるのでロスといい、ほめたり、けなしたりすることの影響を検討したので、対人好悪の〝ゲイン・ロス実験〟と呼ばれている。

実験の結果、アシスタントは、自分をほめてくれた人に好意をもち、自分をけなした人には好意はもたないことが明らかにされた。


さて問題は、ほめたり、けなしたりされた場合はどうだったかである。

結論を言うと、後からかけられた言葉が好き嫌いの感情を決定した。前半ほめられていても、徐々にけなされ、最終的にも悪い評価のままだったら、いい気持ちにはなれず、好意は生まれようがない。

それと反対に、最初評価が低くても、何回か対応している間に、評価が高くなり、最終的にほめられて終われば、気持ちはいいので好意がもてる。いわゆる、ツンデレ効果の心理学的実証である。ツンデレは、逆転の感情をかき立てるだけでなく、好意の真実性を増すのでその効果が抜群なのである。


ここで賢明な方は気づいたかもしれない。カーネギーの言っている「まずほめてから注意せよ」は、このツンデレとは逆で、アロンソン・リンダーの実験の4番目のケースにあたる。好意を増すどころか、最も嫌われるやり方ではないか、むしろ、まずいやり方ではないか、と。心理学の実験通りだと、その通りである。ゲイン・ロスの順番で、ほめて、けなすから、嫌われるのである。

カーネギーの原則は、現在の心理学からみたら、不適切なアドバイスなのであろうか。実はそうではない。カーネギーは部下が失敗などして、落ち度があったときの対応の仕方を説いているのである。

部下はすでに失敗して、気持ちはロスしている。**そこでまず、ほめる。だから、ここでは隠れた前半部分として、ロスがすでにあり、それに対して、ゲインするようなほめ言葉が最初に必要になると言っているのである。**

そして、部下から好意を得るだけでなく、変えることが必要なので、その点を指摘している。部下の心の変化からいうと、ロス、ゲイン、ロスの順となる。心理的効果として、最後が重要となると、最後がロスで終わるのは適当ではない。

もう一度、ほめ言葉、あるいは励ましの言葉が必要となる。実際、カーネギーも、具体的な例では指摘の後に最後はほめているケースを取り上げている。つまり、ロス、ゲイン、ロス、ゲインで終わる。部下は感情を揺り動かされ、最後はゲインして終わり、上司の言う方向に改善していこうという気持ちになるのである。

対人関係の心得

人を変えるのは理屈ではなく、感情の揺さぶりである。

ほめ言葉だけが人を動かす〝燃料〟となる

カーネギーは、とにかくほめろ、その人の長所をみつけてほめるように説いている。そうしなければ自己重要感が満たされないからである。

では、なぜ人は、なかなか自己重要感を満たすことができないのだろうか。最近の対人心理学では、この点について、ある理論が重要な視点を提供している。それはポジティブ心理学の中の、シェリー・テイラーのポジティブ・イリュージョン理論である。

人は、自分自身に対して常にポジティブな幻想をもっている、というのがテイラーの主張である。人は皆、自己評価が非常に高く、過剰なほどの自信をもち、将来も何の確証もないのに自分は大丈夫と楽観的に考えている、としている。テイラーの主張の最も重要な部分は、その思い上がった状態が、正常で健康的なのだという点である。

多くの人が、この主張に驚きを隠せないであろう。確かに誰もが自己誇張気味で、自信過剰といえなくもない。しかしテイラーは、それが正常であり、それが健康的であるという。つまり、そうでないと精神的に不健康だと断じている。客観的に正確な自己認知は正常ではなく、不健康だという。これには、他の伝統的心理学者から大きな批判がなされた。

このような大胆な説をぶち上げたテイラーは、これらの批判は予想して、最初から反論を含んだ論を張り、自らの説の正しさを主張している。私は個人的に、テイラーの説は卓越した理論であり、カーネギーの重要感の充足について、納得できる理論である、と考えている。

人はそもそも、かなりの部分、自信過剰である。このため、人の話には自慢話が多い。私たちは自分を過大に評価していて、過大自己をもっている。いわば、夢見る自己である。子供の頃、大人になったらどんな大人になるか考え、夢のような人物像を描き出す。プロ野球の選手、ノーベル賞をもらうような科学者……。しかし、それを実現する人はごくごくわずかである。大半は、あるとき現実を知り、夢からさめ大人になる。だから大人は、現実的で夢見がちではないということになる。

しかし、人と会って話すとそうでもないことに気づく。特に、自己抑制のタガがはずれた居酒屋などで周りの話を耳にすると皆、威勢がいい。「俺は」「私は」と夢を語っている。この姿こそ、実は人間の本来の姿で、大人もまた夢みるドリーマーであるというのが、テイラーの考え方である。

しかし、現実は厳しい。子供同様、大人の世界でも夢は実現しないのである。それでも人は夢をみる、とテイラーは言う。

一方、世の心理カウンセリングではそのようなことは認められない。むしろ現実をみなさい、といわれる。自分のありのままの姿をしっかり受け止め、受け入れることにより、心理的安定は得られるとカウンセリングされる。私を招聘してくれたカリフォルニア大学の教授で著名な心理学者リチャード・ラザルスは、次のように言っている。

「現実認識の正確さが、すなわち心の健康度である」

正しい認識こそ、すべての出発であることには間違いないであろう。心理学も、心理カウンセリングも、そうすることが、生き方として、心のあり方として正しいと説いている。

しかし、こと自分に関しては、現実をそのまま受け入れるのはなかなか厳しい。優秀な人はいいかもしれないが、多くの人はそれほど優秀でないので、現実を直視すると落ち込んでしまう。

では、そんな自分にどう対処すればいいのだろうか。ラザルスは、

「自分をごまかしているのは精神障害と同じである。もし、人生をうまく生きようとしたら、自分を正確に知ることである。しかし、それだけでは十分ではない。正確に知り得た自分、それがかなり苦痛を伴うものであっても、その現実の中で、生きることに打ち込み、そこに喜びを見出していくくらいでないとダメである」

と、かなりキツイことを言っている。

これは、自分に自信のない人にとっては辛い指摘である。そこまでして、自分を正確に知らなければならないのか、その苦痛の中で生きなければならないのだろうか。テイラーは、それに疑問を投げかけた。

「自分を正確に知ることが大事だ」と心理学で教えられ、健康な心には、それが当たり前と思っていた心理学者としての私にとっても、このテイラーの指摘は衝動的であった。これまで、習ってきた心理学を180度、ひっくり返す発想である。

ラザルスが言うような苦痛を味わうことなど必要なく、心の健康を得ることができるのである。テイラーに言わせれば、普通の人間は、そんな苦労をすることなく、凡凡と、しかも、健康な心理を保っているのである。人は、自分を正確に知ろうとすると、自分の出来の悪さに気づき苦悩せざるを得ない。それを楽しむことなど、賢人でなければできないだろう。

テイラーの考えを私なりに解釈すると、人は、自分を厳格に知ろうなどとはしない。自分を知ろうとするが、自分が苦しくなるような究極の状態まで自分を追いつめようとはしない。それでは自分が壊れてしまうからである。その辺の自己防衛的安全弁は、無意識の中にできている、と思える。だから、人類は生き延び、生き延びただけでなく、発展してきたのである。進化心理学的にみても、苦しんでいたら苦であり、そんな苦しい厳格な認知をしないで楽観的に、自己を過大評価し強気で生きた人のほうが、生き延び、進化上生き残った。と考えられる。

自分は天才だと思って生きようとしたら、それは、トラブルが生じるだろう。しかし、自分は多少、才に秀いでていると思っていても、大きなトラブルに巻き込まれることはない。むしろ、多少その才があると思っているからこそ、積極的に人生を生きることができるのである。自分には才がないと思ってしまったら、アクティブに仕事をしようとか、ワンステップ上にチャレンジしようなどとは思わない。失敗する不安に負けてしまう。それに打ち勝ち、上を目指すことができるのは、少々楽天的ではあるが、自分には他の人より才があると思い、それを信じて行動を起こすことである。

このとき、必要なのかポジティブなイリュージョンと、その〝幻想〟を支えてくれる他の人からの言葉なのである。

「君ならできるよ」

「才能、あるから」

という仲間、あるいは上司からのほめ言葉。

これが支えとなって、多少、失敗しても耐えることができ、前へ進むことができる。そして支えてくれた人に強く好意をもつことになり、友情や尊敬が育まれるのである。カーネギーの自己重要感の充足を、テイラーのポジティブ・イリュージョン理論で補足すると、その重要性がさらによく理解できる。

対人関係の心得

ほめ言葉は、お世辞ではなく正しい評価として受け取られる。

人は誰もが、自分のことを高く評価している

カーネギーは人に好かれるのは、とにかく相手をほめることだ、と言っている。それが相手の自己重要感の欲求を充足するからだ、と言う。

そして、根本的に人は皆、自分に対し過剰なほどの自信をもち、将来も何の確証もないのに自分は大丈夫と楽観的に考えている。あるいは、そうありたいと思っている。このため、自己評価は、周りが思っているよりもかなり高い。

人の心を健康に保ち、生きる力の源となっているこの「ポジティブ・イリュージョン」について、提唱者のテイラーは、次の三つのカテゴリーをあげている。

▼自己高揚
▼自己コントロール感
▼楽観主義

これら一つ一つについて、カーネギーの自己重要感の充足という視点を関係させながら、説明していくことにしよう。

自己高揚とは、自己評価が高いことである。多くの人が自分自身に対して、自分はなかなかの人間であると考えている。他の人と比べ、劣るなどとは考えず、問題のあるところもなくはないが、それでもトータルにみれば、周りの人より優れている、と思っている。

「いや自分は、そんなに自己評価は高くない」

そう思っている人は、とくに日本人には少なくない。国際比較したデータをみると、日本人は他の国民よりも、たしかに低い傾向にある。ここに、日本人の自己卑下的傾向がみられる、とされている。一面はそうであろう。しかし、私の研究によると、これは、日本人のダブル・スタンダードな心理特性にあるといえる。

日本人は他の人に自分のことを話すときは、自己卑下的に表現する。それは対人関係上、相手を上げるための社交テクニックで、自分を下げることにより自動的に相手を上げ、関係をスムーズにしようとする「日本的ビジネスマナー」である。上下関係に厳しい日本のビジネスシーンでは、カーネギーに言われる以前から、常套手段として用いられてきた技法である。

しかし、日本人が本当に自分はダメな人間で、才能がないと思っているかというと、そんなことはない。私は研究で、自己評価について、人に話すときと本心をストレートに聞いたことがある。すると、人に話すときと比べ内心は明らかに自己評価が高かったのである。欧米人ほどではないにしろ、日本人も本心は自己評価が高く、テイラーの言うように自分に対してポジティブな幻想をもっていることが明らかにされたのである。

もう一つ簡単な方法で、自身の自己評価の高さを自覚するテストがある。もし本当に自分への評価が非常に低いとしたら、自分のことが嫌いで、可能なら誰か他の人と替わりたいと思っているであろう。そこで「自分以外の誰かに替わってみたいか」と尋ねてみると、大抵はイエスと即答することはない。

「うらやましいね、できたら替わってみたいよ。でも……ちょっと待って、考えさせて」

と答えた後、やっぱりやめる、ということになるはずである。結局、いまの自分の方がいいと思うことになる。たとえ相手が成功者だったり、容姿端麗だったりしても、周りの人、一人一人と比較していくと、自分がぜひとも替わりたいという人は、なかなかいないことに気づくであろう。

つまり、他人よりも自分の方が好き、そして自分への評価が高い、ということである。低いと思っていた自己評価が案外高く、他をもって替えがたいと思っていることがよくわかった、と思う。

ただ、この心理テストで、もう一つ気づいてほしいことがある。それは、このような自己評価を実施すると、あなただけが「替わりたい人がいない」となるのではなく、他の人もほぼ大半が「替わりたい人はいない」という答えになるのである。

つまり、皆、それぞれが高い自己評価をもっている、その高い自己評価は、自己の重要感の中核となっている。**そして、その重要感が確証を求めているのである。高い自己評価は、正確な評価よりもほめ言葉の方が適合する。**

対人関係の心得

ほめることが人の心を満たし、好意を抱かせる。

なぜ、楽天的な考えが成功を導くのか?

テイラーのポジティブ・イリュージョンにある、「過大なコントロール感」というカテゴリー。これは、自己のもつコントロール能力を過大視し、そのコントロール力によって良い結果をもたらすことができると考えている、幻想である。

状況を自分でコントロールできると思うことは、人生をアクティブに、ポジティブに生きることを可能にする。もし、自分の状況をコントロールする力がなく、周囲の力によって決められてしまうと考えたなら、積極的に何かをしようとは思わないであろう。苦境に立たされたとき、無理して頑張ろうという気持ちも湧いてこない。自分の力の及ばないところで、人生が決められてしまっていると、力が抜けてしまう。**自分の力で状況を左右することができると思うとき、はじめてヤル気になるのである。**だから、このような自己コントロール感は、生きていくうえで必要となり、錯覚といえども個人にとっては非常に良いことである。

人類は、一人一人が頑張って生きていけるように、自分が状況をコントロールしていると思い込むように脳が進化してきている。このため人は、たとえ100％偶然によって決まるような状況でも、自分の力でコントロールでき、良い結果を生むことができると思い込むのである。客観的にみれば、愚かなことのようにみえるが、これこそが人類を動かしてきた原動力ともいえる。人は、客観的事実で動いているのではなく、良くも悪くも、主観で動いている。

このコントロール能力の錯覚を実験的に明らかにしたのが心理学者エレン・ランガーである。実験社会心理学者のランガーは、世の中には、全く偶然によって起こる偶然事象と、対応する人の能力や技能によって結果を左右することができるスキル事象があるとした。ところが人間は、この二つの事象を明確に区別することができなく、偶然の事象をあたかも自分でコントロールできるスキル事象と思い込み、そのような行動をする傾向がある、と考えた。特に、本当は偶然により決定される状況にもかかわらず、そこにスキル事象の特徴が入り込む余地があると思い込むと、コントロール錯覚が生じやすいとしている。

すごろくで、サイコロを振るときのことを考えてほしい。そのとき、出したい目がある。1や2の目を出したいときと、5や6の目を出したとき、実は振り方が違うというのである。サイコロは偶然にころがり、偶然に目が出る。しかし、人は、サイコロの目が単に偶然ではなく、自分の意思あるいは念力が関わると念じて投げる。これがコントロールの錯覚である。実験してみるとこの気持ちが行動にも現れる。1や2を出したいと思うときはサイコロをそっと振り、5や6の目を出したいときは力強く振ることが、実験的観察の結果明らかにされている。

ランガーは、参加者にポーカーゲームのようなゲームをしてもらい、コントロールの錯覚を実験している。そこで、あなたは、1対1の現金をかけるポーカーの一方の参加者だとする。1対1で対面すると、相手は立派な身なりをし、自信たっぷりな人であった。ゲームは、一組のトランプカードから、二人が一枚ずつ好きなカードを引き、数字が大きいほうが勝ちという通常のポーカーである。

ゲームは4回戦で行われ、各回の前に二人は各々、実験者からいくらかけるかを問われ、紙に書いて手渡した。各回の勝ち負けの後のお金のやりとりは、参加者直接ではなく、参加者と実験者の間でやりとりされた。さて、あなたは、このゲームにいくらかけるか。実験が終わった後、参加者の各人のトータルのかけ金の額が計算された。

あなたが、対戦した相手の人は、立派な身なりで、自信たっぷりだと説明したが、そんな相手だと、気後れしてかけ金を少なめにしたのではないだろうか。ところで、別の対戦で相手がみすぼらしく、自信なさそう人だったとしよう。きっと前のときより、多くかけるであろう。相手は気後れしている感じ、これなら自分の方が勝てるのではないか、と自信をもって大きくかけることになる。

ランガーの実験の結果、相手が自信たっぷりな人よりも、自信なさそうな人と対戦したときの方が、かけ金を多くかけることが明らかにされた。

しかし冷静な読者は、それは変だと思うであろう。ポーカーのカードは、引き手が、自信満々であろうが、なさそうであろうが、出てくるのは偶然の数字である。これは、１００％偶然事象である。にもかかわらず、人はスキルが関係すると思ってしまう。相手が自信なさそうとみると、自分の有能感が増し、コントロール感をもつのである。〝愚かな〟と思うが、実際にその場に立つと冷静さがなくなり、コントロール感で頭が占められてしまうのである。

困ったことにこれが、人間の大脳のシステムである。しかし、この困ったことが、人が偶然事象にも、自信をもってチャレンジする力を生み出し、成功をおさめる原動力となるのである。

当然失敗することもあるが、冷静に客観的に見て確率の悪い偶然事象とみなせば、行動を起こさないであろう。そうすると失敗はしないかもしれないが、成功もないのである。ほとんど当たらない宝くじも、買わなければ、絶対に当たらないのである。人間は、積極的に、無鉄砲に行動を起こすと当たることがあり、幸せを呼ぶことがある。それ以前に、そういう気持ちで行動していることが、人を活動的にし、幸せにするのである。

対人関係の心得

人は客観的事実ではなく、良くも悪くも主観で動いている。

将来を楽天的に考えるからヤル気がでる

ポジティブ・イリュージョンの第三のカテゴリーは、楽観主義である。それも、未来に対して根拠のない楽天的考えである。ランガーは、宝くじのようなロッタリーを使って実験を行っている。

その実験では、ある二つの会社の社員にお願いし、1枚1ドルでロッタリーを売った。くじ札にはアメリカンフットボールの選手の名前と写真が使われた。参加者は、好きな選手のくじ札を買うことができる人たちと、係の社員が箱から自由に選び手渡した人たちに分けられる。このくじ札の入手方法が、後に問題となる。いよいよ抽選日となった当日の朝、係の社員はくじ札を買った人たちに、次のような話をした。

「もう一つの会社で同じロッタリーをやっているが、向こうの会社の係の人から、電話があり、さらに買いたいという人がいるのです。しかし、会社にはもうくじ札がありません。そこで、皆さんのもっているくじ札を買いたいというのですが、いくらなら売ってくれますか？　売ってくれる場合の値段を教えてほしい」

と言い、売りたい金額を求めた。売りたくない、という人にも再度、金額を言うように求めた。その結果、最初にくじ札を手に入れたときの状況が、売ってもいいという金額に大きな影響を与えた。

まず、売りたくないと言った人がかなりいた。1ドルで買った札を、1ドル以上で買い戻してくれるというのである。合理的に考えたら、必ず儲かるのだから売りである。しかし、かなりの人が売らないという。それは、その札がもっと儲かる当たりくじだと思っているからであろう。なんとも楽天的な考えである。

さらに売ってもいいと言った人は、1ドルより高値をつけていた。さて、売りたくないと言った人の大半が、自分の好みでくじ札を選んだ人たちであった。自分が選んだというコントロール感がより価値を上げていた。また、このことは売ってもいいと言った金額にも、大きく反映された。係の社員から任意に手渡された人たちが売っていいと言った金額は、平均1・92ドルであったのに対して、自分でくじ札を選んだ人たちは、なんと、1ドルのくじ札を手離すのに、8・67ドルの高値を要求したのである。

自分の選んだくじ札は、元の値段の8倍以上、さらに、割り当てられたくじ札の4倍もの価値がある、としたのである。くじが当たる確率は、偶然事象なので、この差には驚くであろう。自分が選んだくじ札は、選んだ瞬間にもう単なる偶然事象の札ではなくなっていうということである。

自分が考えて選んだ、ということで、それをスキル事象であると思い込んでしまう楽観的思考がここにはっきりと示されている。くじ運が、自分のコントロール下にあると思ってしまっているのである。

このように、人は状況さえ許せば、偶然事象を自らコントロール可能である、と思い、その将来を楽天的に考える傾向がある。そのことが簡単な実験で実証されたのである。

そうはいってもロッタリーや宝くじは、偶然事象でありコントロールがほとんど効かないことはわかっている。しかし、かなりの偶然事象に対して、それがスキル事象であるような情報を差し込むと、コントロール可能と思ってしまい将来を楽観的に思いがちである。

その特徴をうまく利用しているのが、競馬などのギャンブルである。競馬で儲けた人はいないと皆が知っていても、自分は当てることが可能だと思い込み、競馬場に足繁く通う人が少なくない。競馬を楽しんでいる人に余計なことと言われそうであるが、本来コントロールが難しい事象をコントロールできると思い込みがちな事象であることは確かである。人のポジティブ・イリュージョンの一面を明示している事象である。

電車の中で時々、競馬新聞片手に赤エンピツで線を引き、各レースの勝ち馬をねじりはちまきで考え、本命やダークホースに印をつけている御仁をみかける。ダービーなど春秋の重賞レースのときは、10万を超す人が競馬場をうめつくし、自分の〝有能さ〟を証明しようと、熱気にあふれている。

皆、自分の予想が当たることを確信していて、大事なお金で勝馬投票券を買うのであろう。発走間際まで、いや走っている間も（ゴールで決着がつくまで）、自分の能力を信じているのである。

勝った瞬間、顔を紅潮させ、その自信をさらに強め、周りの人に自分がいかに考え当てたかを大きな声でしゃべりまくる。もちろん、そのとき、当たり馬券の一本買いということはない。手元には外れた馬券もかなりある。しかし、そのことには一切ふれない。当たった人は、当たった馬券のことについてだけ話す。自分の有能性を人に伝えるのである。何とも楽天的であるが、これがポジティブ・イリュージョンで、人を前向きにさせている特性なのである。

ちなみに、すべて外れてしまった人はどうか。自らの能力のなさに、うちひしがれているだろうか。そんなことはない。負けた人たちは自分の能力のなさではなく、環境の悪さ、運の悪さ、ありえないことの発生など、外的な要因に当たらなかった原因を探して納得する。決して自分の能力のなさを悲観することはない。なんという楽観主義であろうか。人は皮肉ではなく、幸せな生きものであることを痛感させられる。

競馬は、人の楽観主義を象徴する。競馬で勝ち続ける人はいない。負け続ける人のほうが圧倒的に多いだろう。だから、客観的に自分の行動と結果をみて、合理的に判断したら、競馬はやらないほうがいいに決まっている。しかし、競馬場にいけば、何万という人が勝つために来ているのである。負けても負けても、次は勝つと思い込む。その心理は、楽観主義以外の何物でもない。

競馬で勝てると思うのは、予測の入り込む余地があるからである。騎手の能力や性格、馬の能力や性質、その日の馬場の特徴などで、これが結果を予測できるかのような雰囲気をかもし出し、有能感をくすぐるのである。時々、自分だけの予測が当たり、有能感が満たされることで満足できるのである。

その経験が記憶され、その有能感から「自分は次も当てることができる」という

確信を生む。これが楽観的見方となり、チャレンジングな行動を勇気づけていくのである。

対人関係の心得

未来に対する楽観的な予測が、行動を起こす源となる。

「私はダメ」と卑下する人への接し方

日本人には悲観的な人が少なくない。才能のある人、業績のある人も、自分を優才だと思っている人はあまりいないのではないか。むしろ、ダメで努力が足りないと反省している人が多いように見受けられる。

たしかに、日本人には、悲観的にものを言う人が多い。私の学生時代は、悲観的な見方をしないとインテリではない、という印象さえあった。メディアでインテリ学者は社会を批判し、将来を悲観的にとらえ、それが、評価され憧れの的となっていた。

他方、楽観論は批判された。思慮を欠き、将来を見通す力がない愚か者のような扱いを受けていた。このため、楽観主義の人は、大きな声を上げづらかった。しかし、社会批評家の言をよそに、将来を夢みて、自分を信じて働いた日本人が、その後の先進国日本をつくり上げた。批判は批判として受け止め、かつ自らを信じて、ポジティブ・イリュージョンをもちながら努力し、それが、経済成長を成し遂げたといえよう。

日本人の自己評価が厳しいのは、社会心理学の学問的研究でも明らかにされている。しかし、本当に自分を心底ダメな人間と思っているかと問うと、そうだ、と答える人はきわめて少ない。

日本人は欧米人ほど楽天的ではないが、それでも日本人も根本では楽観主義である。私の研究でも、表向きは自己評価を低く言い、本当はどう思っているか、と聞くと高い自己評価を示す人が多かった。ではどうして日本人は、自己評価を低く持っているのだろうか。

「私はダメな人間ですよね」

「出来が悪いので……」

日本人が顔を合わせると、互いに自己卑下を繰り広げることが少なくない。互い謙遜し、ひどく卑下しているのを外国人が聞いていたら、実に奇妙に聞こえるだろう。日本人の私でも、つい吹き出したくなることがあるくらい、滑稽な様である。しかし、実際には私も対面するときはそうする。それが日本の文化であり、対人関係の作法である。


だからといって、日本人が皆、自己評価が低く、自分をダメな人間と心底思っているかというと、そんなことはない。自己卑下を繰り広げているのは、謙譲の文化に基づく作法だからである。

相手が卑下したからといって、それを真に受けて
「その通りですよね」

「たしかに、あなたはダメですね」

などと答える人はいないだろう。

謙譲の文化のベースは、お互い自らをへりくだり、一歩ひいて人間関係を良好に築くことである。このため互いに交わす言葉は、表現上は自分を低く表現することから始まる。

ただそれは、本人の心の内の評価ではない。お互い、それをわかって、

「ダメです」

「ダメです」

と言い合う。

そして、謙譲の文化は、その自己卑下したことで、その人を高く評価するのである。

「できた人だ」

「偉ぶらない人だ」

と、大人としての対応ができる人として、受け入れられる。つまり、日本では、自己評価を低く言うことにより、他の人からの評価が高くなるのである。

自己評価は、自分で決められるものではなく、他の人からの評価により、確信がもて、自信がもてるのである。他者の評価が、自己評価を決めるのである。

欧米人は自己を誇示し、主張をすることにより、自分の評価を高めようとする。自分の表現した自己高揚的表現を相手が評価し、「すごい人だ」「できる人だ」と思わせることにより、他者評価が上がり、その評価を受けて自己評価を高めるのである。これにより、ポジティブ・イリュージョンは、他者の確証を得るので、イリュージョンでなくなり、本人としては正当な姿として、その評価を受け入れることができるのである。

しかし、日本のような謙譲の文化の下での自己評価は、それほど単純ではない。欧米人のように対面した最初から自己誇示したら、すごい人だと、評価されるどころか、逆に鼻もちならない人、つき合いにくい人とされてしまう。単純な自己高揚表現は、決して良い人間関係をつくらない。日本人の人間関係は、自己卑下表現で始まるが、それで終わりではない。外国人にはわかりにくいが、謙譲はあくまで出発点である。

対面したとき、まずは互いに自己卑下的表現をする。たとえば、

「なかなかうまくいかないんです、才能、ないのかな……」

と言ったとしよう。それを受け
「そんなことないですよ、十分、才能はあるじゃないですか。この仕事も、良い出来ですよ、あなたでなきゃ、こんなふうにできませんよ」

と相手をほめる。

つまり、低い自己評価を聞いたときそれを否定し、高い評価を与えるのである。そして、これをお互いに交換する。自己評価は他者評価によって確信される。このやりとりで、自己評価を低く表現することにより、相手からそれを否定してもらい、高い評価を耳にして、その高い評価を受け入れることになる。相手のほめ言葉を受け入れることになる。

ここでの確信は、欧米人のようにストレートではないが、ワンクッション入れて、同じように相手から高い評価を得るのである。**日本人の自己卑下は本心の自己**

卑下ではなく、自己卑下表現を使った手の込んだ自己高揚である。自分の自己卑下を「否定」してもらい、高い評価を受け満足を得る。これは自己重要感を十二分に満たすことになる。日本の謙譲文化は、欧米のようなストレートな自己重要感の充足ではないが、基本原理は同じである。ここでも、**相手の長所をほめる、ということが好意的人間関係を形成し、維持するのには最も重要なことである**ことが再確認される。

日本の謙譲的人間関係が悪いわけではない。むしろ、円熟した高度の人間関係の作法といえよう。これは日本人同士では、大事にしなければならない。ただ基本は同じで、人は自分自身を肯定し、ポジティブに評価し、ポジティブ・イリュージョンをもっている。この謙譲的人間関係は、そのポジティブ評価を、相手の人から言ってもらって確認するのである。

これこそまさにカーネギーの言っていることと同じなのである。長所を見つけ評価すること、つまり、ほめることである。**客観的ではなく、相手が思っている自己評価に合わせるように、評価すること、ほめること。それにより、相手は自己重要感を満たすことになる。**

そして、そのように自分の自己重要感を満たしてくれる人には、好意をもち、友人になろうとする。友人になればその人を動かすことができる。少々複雑であるが、日本人にも、通じる人間関係の処し方なのである。

対人関係の心得

相手の想定通りにほめることが、心をとらえる秘訣である。

欠点を指摘する前に必ずすべきこと

カーネギーの『人を動かす』の根幹は、人を動かすには、最終的に相手と「友達になる」こととしている。

友達になるには、相手に好かれる必要がある。

好かれるためには、相手の自己重要感を満たす。

相手の目で重要感を満たすにはほめること。

人の心をとらえるのは、至ってシンプルなことであると説いている。さらに、人を批判したり、非難したりしないことも強調している。

日本人の多くは、次のように思うかもしれない。「カーネギーにあらためて言われなくても、自分は人を批判したり、非難したりなど、そうそうしないので大丈夫」と。

たしかに、日本人は、初対面の人やなじみのない人を批判したりはしない。しかし、相手の立場が自分よりも低い場合に、案外、相手を批判したり、小言を言ったりすることが少なくない。たとえば職場の部下をほめることがめったにない人も多いのではないか。

これでは部下を「動かす」ことができない。日本のようなタテ社会では、指示によって人は動くが、それは表面的であり、心から動いているわけではない。部下といえども心が通じていなければ、本心から動くことはない。

心が通じるためには、カーネギーの言うように、重要感を満たさなければならないのである。

つまり**「人はほめなければ、なかなか動かない」のである。**

カーネギーはとにかくほめろ、と言う。人に会ったら、まず、その人の長所をみつけること。そして、すかさず、それを口にすることが重要である。言葉にしなければ、なんの価値もない。相手に自己重要感を満たすことが大事なのであるから、相手にそのことを知らせなければ意味がない。伝えるためには、口に出して言うことである。それも躊躇していると、タイミングを失ってしまう。後にしようと思ってはいけない。その瞬間に口にすることが大事である。気がついたとき、その瞬間がそれを言う最も良いタイミングなのである。

批判や非難は逆である。気がつくことがあっても、いきなりそのことに触れない配慮が必要となる。後から言わないほうが良かったと思っても、相手に言ってしまったら、言い逃れはできない。特に批判は相手の心に一度つきささってしまうと、それを消し去ることできない。つい、うっかり口にしてしまった言葉も相手の心を傷つけ、取り返しのつかないことになってしまうのである。

だから、自分よりも立場の低い人との会話のときこそ、批判してしまうことに気をつけなければならない。そうしなければ、好意は受けられず、相手はあなたのために動いてはくれないのである。むしろ、嫌われてしまい、逆の行動をとられてしまいかねない。
カーネギーが、いきなり相手を批判するな、非難するな、と説いているのは、消極的なことのようだが、実はマイナスの人間関係をつくらないための基本を言っているのである。

対人関係の心得

相手を批判・非難するな。ほめることから始めよ。

2

悩みは正面から対峙せず、意識の外に追いやる

『道は開ける』の要諦を対人心理学的におさえる

最悪を受け止め、脱することに集中する

『道は開ける』は、全編を通して悩みの解決法を説いているが、その解決法は、かなりユニークである。根幹は、悩みと正面から対峙するのではなく、悩みを考えないこと、意識の外に追いやること、としている。

悩みごとも、そのことを意識しなければ、それはないことと同じ。

乱暴に言えば、悩みがあってもないことになる。これは心理学の最近の主流、認知心理学的にもうなずける。しかしそう思う半面、そう簡単にはいかない、とも思う。大変な事態に追い込まれているから悩んでいるのであり、それを忘れろ、と言

われても、忘れるわけにはいかない。夜も眠れないくらい悩んでいるのだから、と不満な人もいるであろう。たとえば、大金を借りて悩んでいる場合、相手のあることなので、自分が考えなかったとしても、借金先からは督促があったりしたら、意識しないわけにはいかないのが現実だと考えるのが普通だろう。また、別のたとえで、上司から嫌われ、叱責され続けているとしたら、それも簡単に無視できるものではない。外部に問題がある場合、忘れたり、無視していたりしたら事態はさらに悪化しよう。

そんなとき、どうするか。

カーネギーは、ここで名高い心理学者、ウィリアム・ジェームズの名言を示している。ジェームズは、心理学史上、画期的な法則「人は、悲しいから泣くのではない、泣くから悲しいのである」という逆説的感情生起説を提唱したアメリカ心理学の創始者である。

ジェームズは、多くの名言を述べているが、カーネギーが取り上げたのは次の名言である。

「その事態をそのまま、受け入れること、どんな不幸でも、それを克服するための第一歩は、起こってしまったことを受け入れることである」

カーネギーは、最悪の事態を受け入れることこそ、悩み解決の第一歩だとし、ある社長の言葉を魔術的公式として、読者に提案している。悩みを解決する魔術的公式とは、次の三つのステップを踏むことである。

▼最悪の事態を予測すること
▼その最悪の事態を受け入れる覚悟をすること
▼その事態から脱却することに集中すること

事態が悪化してくると、誰もが不安になり、悪い方に悪い方に考えが進み、精神的に落ち込んでしまう。心理的に不安定な状況になってしまうと、冷静な判断はできなくなって、適切な手だてをとることもできないため、悪い事態がさらに悪化する悪循環を起こしてしまう。最悪の事態に陥ることへの恐怖感と不安がそうさせているのである。

そこで、まずは**冷静に恐怖心をもたず、正面からこの事態を分析し、起こりうる最悪の状況を理解すること**である。そして、最悪の事態とはどんな事態なのか考えて、具体的に客観的に予測する。

万策尽きて、ついに借金が返せなかったら、どうなるであろう。殺されてしまうのか……。そんなことはないだろう。最悪、家を手放すことくらいであろう。上司から嫌われているとしたら、悪くすると昇給はないが、最悪でもクビになるくらいであろう。「くらい」などと言うな、大変なことだ、と思うかもしれないが、少し大げさに考えるとすると「命をとられること」ほど最悪の状況ではない、と考えることもできる。

最悪の事態を客観的に認識したら、次にどうするか。

それは、予測した最悪の事態を受け入れる覚悟をすることである。これは容易なことではない。これが怖いから、悩み、不安になっているのである。しかし心を決めて、最悪の事態を受け入れる覚悟をする、それが肝心なのである。

「仕方ない、家は売ろう」

「首か、会社は辞めよう」

と腹をくくる。どん底なので、さらに落ちる心配も不安も恐怖もない。このような覚悟ができると、とたんに心が落ち着き、よく眠れ、冷静に事態に対処できるようになる。すると、心に前向きなエネルギーが生まれ、事態打開の方向を考えるようになる。

さらに、覚悟を決めると、自然と生じるエネルギーが、受け入れた最悪の事態をいかに改善するかに、向かうことになる。そうなれば、しめたもので、心はポジティブな思考になり、積極的に事態を改善しようという努力がなされる。現実がよくみえるようになり、状況もより良くなることであろう。少なくとも、悩みと不安と恐怖におののいて、落ち込み、眠れない日々を送っていたときとは、まったく違った自分になっているのに気づくはずである。

対人関係に対しても積極的になる。新しい人間関係も生まれる。そのことからも、悩みの解決は、人間関係を広める基本的エネルギー源といえる。古くから、一度地獄をみた奴は強いといわれるが、最悪の事態の覚悟とは、まさにそのことなのである。

対人関係の心得

悩みに正対し腹をくくることで、余裕がでてくる。

人を恨んでしまいそうな時にすべきこと

人から悪口を言われたり、上司の失敗をおしつけられたり。悪いことをしてないのに怒られるなど、理不尽なことは誰の身にも起こりうる。普通の感情なら、腹が立ち、その相手に何としても仕返しをしてやろう思い悩むことも少なくない。憎悪の気持ちで、腸が煮え繰り返りそうになり、普段は冷静な人でも、やられるとやり返したくなるものである。

人はむやみに、相手を傷つけたり苦しませたりはしない、してはいけないと思っている。このことは、誰もが認め合っている人間性の基本的道徳である。もしこの規範に逆らったら、社会性のない者として、周りから疎んじられることになる。この規範の下で、良い人間関係が育ち、安らぎを保っている。

ところが、例外がある。

どんなときでも人を傷つけたり、苦しめたりしてはいけないのか、というとそうではない。「むやみに」「訳もなく」してはいけないのである。というのは、何らかの理由がある場合は、「してもいい」ということになる。

それは相手から先に、理不尽な攻撃をやられたときである。勝手に悪者にされたり、損害を与えられたり、身に覚えのないことで悪口を言われたり、義に基づいてやったことを非難されたりなどの場合である。そんなときは、誰も黙っていないだろう。やられたらやり返す、という報復の心理がムラムラと生じてくる。

「頭にきた」「腹が立った」と言っても、このときばかりは許される。むしろ、そうしないと、「だらしがない」とか「弱虫」と、人間力を疑われるようなレッテルを貼られかねない。

紀元前のバビロン王朝時代、ハムラビ法典に書かれているとされる、「目には目を、歯には歯を」という法は、同等の罰を与えるという内容と理解され、今でも、日常的会話でもよく使用されている。

これは、同罰報復の法というよりも、法の下での裁きを主眼とし、同罰以内での罰を示しているものだそうだが、一般社会的には、目をやられたら、相手の目を、歯をやられたら、相手の歯を、という同罰の方に共感して、その気持ちを支持する根拠になっている。

そこまで古い話でなくても、日本では、江戸時代までは仇討ちが認められており、むしろ、美談、本懐として、社会的に評価されてきていた。ある時期以降、仇討ちは禁止されたが、仇討ちの心理は、日本人の心の中には連綿と引き継がれているように思われる。その心情が「忠臣蔵」を永遠の日本人の心としているのではないだろうか。

やられたらやり返すのが当然で、それをやらないのは、男の面目にかけても、女の意地にかけても許せない、のである。悪くないのにやられた場合、仕返しをしないと心はおさまらないだけでなく、社会、つまり周りの人々からの評価も低くなってしまう。理不尽な目に遭った人は、腹が立ち、相手にやり返そうと心に決める。その日から準備をし、仕返しの日を待つことになる。そしてある日、それが達成できたとき、まさに仇討ちが成し遂げられた瞬間で、心が晴れわたることになる。

しかし、これは実に空想的な事の運びであり、とても現実的ではない。事はそううまくいかないのである。あなたを殴った人は力のある人で、あなたの悪口を言った人は、先輩や上司であり、仕返すチャンスが、そうそうない人である。たとえ、酒の席で、無礼講などといっても、そんなことをしたら、相手はさらにやり返してくるに違いない。つまり、仕返しのチャンスはなかなかないし、もし、したとしたら、さらに仕返しの仕返しが来てしまう。そして、あなたの悩みは解消するどころか、ますます、深みにはまっていくことになる。

では、どうしたらいいのか。

ここでの**カーネギーは「仕返しは考えるな、忘れろ」と主張する。**しかもそれは、相手のためではなく自分のために、仕返しを考えるなと説くのである。

仕返しをして相手を傷つけようとすると、相手を傷つけるのではなく自分の心が傷ついてしまうので、仕返しは自分の精神的、身体的健康のためにやめなさい、と言っている。

現在までの医学の進歩を考えると、当時の医学の話をここで引用するのは適当とは思われないが、カーネギーは、医学的データをもとに、仕返しが割に合わないことを切々と訴えている。カーネギーは当時の雑誌「ライフ」の次のような記事を用いている。

「高血圧になる人の性格は、憤りが激しい人である。常に憤慨していると、人は高血圧になり、また、心臓病におかされる」

当時、ストレスという言葉は、一般的ではなかったが、いまでは、慢性的ストレスが高血圧や心臓病の原因であることは、よく知られている。憤りの原因をなくせば、ストレスはなくなり、心が落ち着くことになるであろう。

キリストの有名な言葉、

「汝の敵を愛せよ」

について、カーネギーは、驚くような大胆解釈をしている。それは、人の道、あるいは倫理を教えているだけではない。現在の医学に照らして、正しいことを説いているのだ、と。キリストが〝汝の敵を愛せよ〟と言ったのは、あなたを高血圧や心臓病、さらには胃潰瘍にならないように、ストレスによるこれらの病気の予防法になる、と言うのである。

敵を憎み仕返しばかり考えていると、顔もこわばり、食事の楽しみなどもなくなってしまう、と言っているのである。しかし、敵を愛するなどということは、誰にでもできることではない。

そこで考え方を変えることである。敵を愛するのは難しいが、自分を愛することはできる。誰でも、自分のことが大好きである。自分の幸せのために、自分の健康のために、自分の容姿のために、となれば敵を忘れることもできるかもしれない。敵を愛することはできなくても、忘れることはできよう。仕返しのことを考えないことである。相手に腹を立てないために、相手のことを思い出さないことである。

認知心理学的にも、ものがあってもみえなければ無いと同じ、意識しなければ無いと同じ、考えなければ無いと同じなのである。心理学の発見の一つ「人は一時に、一つのことしか、考えられないし、感じられないし、一つのことしかできない」という法則がある。楽しいことを考えていれば、嫌なことは考えられない。好きな人のことを考えていれば、敵のことは考えられない、のである。

そうはいっても、嫌なことや嫌な人の顔は時々頭をもたげてくる。そんなとき、どうすればいいか、それには、トレーニングが必要である。しかし、ハードなトレーニングではない。何回か練習すれば、誰でもできるようになる訓練である。

それは、嫌なことが頭に浮かんだら、すぐにぬぐい去り、楽しいことに頭の中を切り替えるという手法である。この思考転換法を何回か繰り返すことで、誰でも、嫌なことを意識しないことができるようになる。大事なことは、即座に転換することである。転換用の楽しいことを、日頃から用意しておくといい。

とにかく**嫌な奴がいても「悩んだり、仕返ししたりなど考えないこと。仕返しは正義ではないこと。そして、仕返しは、あなたの心と身体の健康をむしばむこと」**

だと、自分に言い聞かせ、代わりに即座に、楽しいこと、好きな人のことを思い浮かべる。人間は1回に一つのことしか考えられないという一時一心理の心理法則を利用するのである。

対人関係の心得

嫌な人のことではなく、即座に楽しいことをイメージする。

恩返しの期待が大いなる悩みの源となる

昔話『鶴の恩返し』は、多くの日本人が好きな物語である。子供用の絵本には必ず入っていて、親は子に語り継いでいる。また、「夕鶴」として、劇にもオペラにもなっている。

この物語は、「のぞいてはいけない」という約束を破ったことによる不幸を描き、好奇心のあまりタブーにふれてはいけないことを説いている。子供のための昔話にしては、その結末の意外性に面白さがある。しかし、鶴が自らの身（羽）をけずってまで、恩に報いようとする姿は、グリム童話のような悲惨さをもち合わせている。

しかし、親が子供に聞かせるときの力点は、そこにはないように思える。たいていの親は、この昔話を、恩返しを子に教える教材としてとらえているのではないか。鶴は雪中のわなにかかり、もがき死に絶えるところを助けられる。命の恩人であるおじいさんに親は自らを投影し、聞いている子供に、いま、話している親こそ命の恩人であることを無意識に、伝えようとしている。これを読む大人たちはたいてい、自らを鶴にではなく、おじいさんに同一視していると思われるからである。助けられた鶴は、かいがいしく働き、夜なべ仕事で機織りをし、恩返しをしたのである、と語りながら、大きくなったら、育て親に恩返しをすることを暗に伝えている側面もあるだろう。

日本人は、恩返しを重要な徳目とし、大切にするが、恩返しをすることだけでなく、恩返しされることに心を配り、恩返しされないことに気を病み、悩んでしまう。恩を受けた人に恩返しをするのは、深い人間関係が育まれ、温かい社会をつくり上げていく。しかし、恩返しを期待することは、人間関係を、ぎくしゃくさせることにもなる。恩を与えた方は、それを返されるのが当然と思い、期待する。しかし、与えられた方が、それを恩だと思わなかったら、恩返しは生じない。恩返しをするのは与えたほうではなく、受けたほうだからである。

与えた側は期待しながらも、強要することはできない。それは義務ではないからである。強要したら、恩返しではなくなってしまう。

面と向かって言葉にはできない。というのは、それを言葉にしてしまって「恩着せがましい」ととられてしまったら、やはり、満足感を得られない。それどころか、そんなふうに思われたら、不快感でいっぱいになってしまう。別に、そんなことでお返しされるなら、されない方がいい、とまで思う。

恩返し期待は、直接、本人には言えないので、どうしても身近な人に漏らすことになる。

「少しぐらい恩に感じてほしいね」

「何とも思ってないのかね、あれだけ、してあげたのに……」

「お返し、一つないんだからね」

と不満がつのり、ついには、

「やってあげるんじゃなかった」

「損したよ、無理してあげたのに」
となり、そして、
「もう嫌だ。あんな奴とは思わなかった、こりごりだ」
と、親密な人間関係にヒビが入り、嫌悪感から憎悪感まで感じ、人間関係が崩壊してしまう。

カーネギーは、このような事態を避けるためには、恩返しは最初から期待するな、と説いているのである。

しかし、日本人は、伝統的に報恩の人間関係を重視している。それゆえ理屈ではわかっても、なかなか、受け入れられないのではないだろうか。

もともと「恩」は、古代仏教の教えからきており、そこでは、恵みという意味だという。その意味のままだと、恵みを返せとなり、腹を立てることはないであろう。仏教が中国を通り儒教の影響を受け、江戸時代から近代にいたる過程で、恩が主徒関係の恵みに限定され、主君の恩、師の恩、親の恩となり、主君と家来、師匠と弟子、親と子の間で、一生かかっても返せない恩として、受け入れられることになってきている。日本人にとって恩返しが、一生の業として、一人一人の生き方に重く関わってきていたのである。

このような主徒関係は、きわめて苦しい関係をつくり、社会を窮屈にしてしまう。近世と近代の日本人の人間関係が形式重視のタテマエ社会であったのは、このような徳の偏在によることもあったかもしれない。最近の社会では、このタガはかなり外れて、少しばかり融通の効く、柔らかな人間関係の社会になってきている。しかし、反動として、感謝をしない人、恩を恩と思わず恩返しをしない人も増えている。このため、古いタイプの人は、「最近の若者は……」と言って嘆いている人が多い。

ただ、そんな風に嘆いている人も、実はその上の世代から、全く同じように、嘆かれていた。というのは、恩や感謝は与える側がよく記憶していて、お返しを期待し続ける。しかし、恩を受け与えられた人たちは、忘れてしまい、記憶が薄らぎがちなのである。

これが人間の記憶で、これは心理学の記憶研究でも実証されている本性なのである。だから仕方がないのかもしれない。**恩知らずな人間は、あなたが恩返しを期待している人だけでなく、あなた自身も恩返しをしていない人なのである。**そうなると、恩返しを期待していても恩返しはこないことになる。日本人皆が、恩返しを期待して、腹を立てることになる。これはあまり、良い社会とはいえない。

親や上司、先輩など上の立場の人は恩返しを期待しないで、相手に恩を与えること自体に喜びを感じ、人生を感じることができるようになるのがいい。

対人関係の心得

相手から恩返しを期待し、悩むのは大いなる間違いである。

感謝の言葉は1回で満足する

「ありがとうございます」

「感謝します」

「すいません」

「おおきに」

「助かります」

日常生活での会話には、感謝や謝礼の言葉で頻繁に使われている。

「すいません、すいません、すいません」

と、何も悪いことをしたわけでもないのに、謝りの意味の言葉が、あいさつ代わりに使われることも少なくない。商品を買ってもらったお礼にと、「すいません」という店もある。

カーネギーは「人は、生まれつき感謝を忘れる性質をもっている。だから、お礼を言われることは期待してはいけない」と言う。期待すると、裏切られるので、不快になる。そして、人間関係を悪くしてしまう。

しかし日本では「ありがとう」「すいません」は、日常的対人関係の中で、最も大切な言葉であり、実際、頻繁に使われている。常に感謝され、お礼を言われることになる。それは、本心ではないというかもしれないが、たとえ、それが半分社交辞令だとしても、日本では、感謝の言葉を頻繁に受け取ることができる。期待が裏切られないのである。

そう考えると、日本の文化はありがたい。日本人同士の人間関係では人から礼を言われ感謝されたい、という気持ちを幸いなことに満たしているのである。しかし、グローバル化の波は日本にもおしよせ、外国人との接点が多くなってきた。そんなとき、感謝の言葉を日常的に交換している日本人にとって、外国人とのつき合いは、不満が残ることになる。感謝や礼の言葉が少ないのである。

相手が西洋人の場合は、まだ良い。西洋人には、多少とも気おくれする人も少ないので、不満はあまり意識しないかもしれない。しかし相手が、ことアジア人になると、事態は変わる。容姿が日本人に近いこともあり、「日本人並み」の基準で相手を見てしまう結果、不満が噴出しやすい。

アジア各国に出かけると、飛行機の中や現地のホテルなどで、日本人が現地の人に対する、不平不満を口にしているのを、よく聞く。

その不満の多くが、

「感謝しないいんだよね」

「助けてあげたのに……」

そして、加えて

「日本ではありえない」

と言い加える。

日本文化を基準に考えれば、その言い分や不快感はよくわかる。

しかし、世界の人たちといろんな形でつき合い、人間関係を広め、深めていくことを考えれば、不満をもつ日本人の方が、考え直さなければならないかもしれない。謝意は1回で、そう何回も繰り返さないのが世界ではほとんどと、考え直すことである。

外国人は、感謝の気持ちをもたない、と言っているわけではない。そんなことはない。困っているときに助けてもらい感謝の念をもたない人はいない。むしろ、そのときは、日本人よりも大きな身ぶり手ぶりで感謝の気持ちを表すだろう。やや大げさなぐらいに涙を流す人も多い。

カーネギーも、人は、感謝しない性質をもっている、とは言っていない。感謝を忘れる本性をもっている、と言っているのである。

助けられた人間はその瞬間は感謝するが、その後は繰り返さない。しかし、援助した方の人は、さらなる、感謝を期待する。ここに行き違いが生じるのである。たとえば、会うたびに感謝の言葉を期待したとしても、それは満たされない。このため、不満が生じ、くやしさを生む。さらに、嫌悪感を生み、人間関係を悪くしてしまう。せっかく助けて、いい人間関係を結ぼうとしたのに結果は、哀しい気持ちでいっぱいになってしまう。

しかし、人間が、感謝を忘れる動物なら仕方ない。それを怒ったり、嘆いたり、それで悩んだりするとしたら、怒り、悩んでいる方がおかしい。

人は、変えられない。

しかし、自分は変えられる。

カーネギーは、常に自分の改革を説き、考え方を変え、良い方向へと向かうことをアドバイスしている。

日本人は何回もお礼を伝え、感謝の言葉を口にする。

「本当に助かりました。感謝します」

「一生、忘れられない、命の恩人です」

と。この習慣は、お互いが心地良いし、感謝を期待する人間の本性にも合致している。そう考えると、多少、わざとらしく、またわずらわしいと感じるかもしれないが、人間関係の潤滑油としては、これほど良い油はないであろう。

かつてカーネギーが日本に来たとき日本人の人間関係をほめた、というのは、もちろん彼流のお世辞もあろうが、このような日本的感謝の表し方に感心したのかもしれない。

しかし一方で、グローバルな考え方、意識の持ちようを逆転させることはできない。多民族、多文化の人々の交流が盛んになれば、お互いの理解は深まり、文化を超えた人間関係を発展させ、ひいては、世界の平和につながることになる。

人と人とが関係をもつと、文化の違いによる行き違いや不快感が生じ、むしろ、対立感情が生まれかねないこともある。異なる文化の理解は、このような世界であればこそますます必要になってくる。

感謝はその典型である。感謝の言葉を何回も言うのは日本文化の特徴であるとなると、他の文化の人と交歓する場合、そのことは、気をつけておかなければならない。知識として、このような違いを頭で理解することである。

国際的な人間関係では私たちはその違いを理解し、多くの経験を経て、考え方を変え、そのことからくる感情も変えていく。そのような地道な努力が必要ということになろう。

対人関係の心得

人は感謝を忘れる本性がある、ということを知っておく。

批判は受け止め、やるべきことを粛々と

人から批判されるのは、誰でも嫌なものである。批判されていることがわかると、笑っていても急に顔がこわばってしまう。不愉快になり、怒りを感じる。なぜ、批判されると、それがわずかなことであったとしても、当人は心にグサリときて、怒りまで感じるのか。それは、批判されると自分が低く評価されていると思うからである。

人がいちばん大事にしていること、そして、最も気にかけていることは、自らの自尊心である。その自尊心が傷つけられると、ほんのささいな傷でも、感情が乱され、理性が失われ、怒り出してしまう。あるいは、意気消沈してしまい、立ち上が

れなくなってしまう。カーネギーは、人間にとってなかなか満たされない欲求があり、それが、自尊の欲求だとしている。このため、人は高い評価を求める。だから、人の自尊心を満たすような行為つまり、ほめれば、相手から好意をもたれることになる。それにより、その人を動かすことができるというわけである。人から批判されたり、非難されたりすると、自尊心は、満たされないどころか、大きく傷つくことになる。

そうならないためには、他人からの批判や非難をなくすことが一つの方法である。しかし、人からの批判を食い止めることはできない。なぜなら人は、自らの自尊心を高めるために、他の人を非難するからである。それは相手の都合なので、自分が何をしようが関係なく、非難の刃は向かってくることになる。だから、自分への批判をやめさせようとしても、ムダなことである。

対人心理学の実験でも、人は自分の友人よりも自分の方が優れていると思いたがる傾向にあることが証明されている。人は、良い友人をもちたがるし、人には、自分の友人は優れていることを誇りたいと思っている。しかし、その親友に対しても、比較したら、自分より下であると密かに思っている。

では、そんな批判の渦中、自尊心を傷つけないようにするにはどうしたらいいのであろうか。その秘訣は自分の心にある、とカーネギーは指摘している。

人からの批判や非難は免れない、しかしそれで傷つくかどうかは自分の考え方の問題である。傷つかないようにすることは、自分でできるというのである。ここで重要なのは、自らの意思で自分が傷つかないようにすることができる、という点である、と強調している。

「これをやりなさい、そうすれば、批判はあなたを傷つけることはできない」と説く。では、この〝これ〟とは何か？

それは「批判を無視すること」である。

批判を無視できれば、批判されなかったことと同じで、自尊心は傷つかない。その通りであるが、しかし批判を無視することは、そう簡単にできることではない。

ここでカーネギーが取り上げている言葉や実際の行動を示しておく。

「批判を無視し、自分が正しいと思っていることをやるのである。やっても非難されるが、やらなくても非難される、いずれにせよ、非難は免れないのだから」

「非難をなくそうと、人の機嫌をとったり、妥協したりするとかえって、反感をまねくことになる、人の上に立てば、批判は免れない。だから、自分のベストを尽くし、あとは、傘をさして非難の嵐をさけるようにするだけだ」

「多くの批判など無視し、自分がなしうる最善の方策をやり続けることである。最後の結果が良ければ、私への批判などどうでもいいことである。結果が悪ければ、どうにもならない」


普通の人にとって至難の業であろう。何しろ、自尊心は自らが決めることのように思えるが、そうではなく、周りの人たちの評価により自分の価値は決められるからである。周りから非難されても、まだ自尊心を失わず、気丈夫に事に立ち向かうことができる人は少ないであろう。

カーネギーの説くように、自ら気持ちを強くもち、批判をものともしなければ、心は傷つかず自尊心も失わない。

しかし、そんな強い意志をもって、批判に立ち向かえる人は少ないだろう。ではどうやって、批判によって心を傷つけず、自尊心を支えているのか。それは他者からの評価である。自尊心を維持するためには、周りから高い評価を獲得することが大切になる。自尊心は、周りからの評価によりつくられている。だから、批判されれば傷つき、ほめられれば、自尊心は高まる。そこで友人などから、意図的に自分をほめてもらう機会をつくるのである。悪い奴に批判されたこと、理不尽であることを話せば、きっとあなたの心を察し、

「そんなことないよ」

「あいつは変だ」

「おまえは間違っていない」

「批判されるのは、あいつの方だ」

「大丈夫だよ」

「あなたの方が優秀よ」

と、自尊心を満たしてくれる言葉をかけてくれるであろう。その言葉を支えに、自らの自尊心を高め、心が傷つくのを癒やしていくようにすることである。もちろん、これは友人同士、お互いさまである。相互依存、相互扶助こそが、親友の証しである。

批判に傷つかない方法の答えは、友人の支えであり、そういう友人をつくることが大事である、といえる。その友人をつくるうえで大切なのは、カーネギーが『人を動かす』で十二分に説いていること、つまり相手を心からほめることである。

対人関係の心得

批判されることに悩むなら、友の助言で自信をとりもどせ。

批判から今後の大いなる教訓を学べ

誰でも人からの批判を受け止めるのはつらい。それが自分の欠点をグサッとついていれば、心が痛む。

カーネギーは、もし、それが真摯な批判なら、素直に受け入れるべきだとも説いているが、そう簡単にできることではない。人は感情的な動物なので、批判されると、その真偽を考える前にカッとなって反発してしまう。だからカーネギーは、人を批判するな、非難するなと、口酸っぱく説いている。

しかし、自分が批判されたときは、話は別であると強調している。批判は、たとえ敵から受けた場合でも、一考に値するとまで言っている。誰からの批判も真摯に受け止め、自らを反省することが、自らを向上させる重要なステップであり、偉大な人たちはこれを着実に行っている、としている。そのような人たちは最初から偉大だったのではなく、批判を素直に反省材料として、日々、励んだがゆえに、偉大になっていったのだ。

そう言われても、そんなことはなかなかできることではないが、たとえば、アメリカ大統領だったセオドア・ルーズベルトは、

「批判は誰もが、歓迎すべきである。なぜなら、私たちは4回のうち3回以上、正しく振舞うことはできないからである」

としているが、あのアルベルト・アインシュタインは、もっと厳しく、

「自分の結論は99％、間違っていた」

とまで言っている。

これは本当であろう。しかしカーネギー自身、批判を受けると、偉人のように冷静には対応できないと本心を述べている。誰かに批判され始めると、自らを省みる

のではなく、すぐに、身構え防衛的になってしまう。それも、その批判がほんのわずかな批判でも、すぐに反応してしまう、そんな自分が嫌になってしまう、と、苦りきっている。

しかし人は誰でも、批判されると憤慨し、ほめられると喜ぶものである。だからカーネギーは、人に好かれるために、とにかくほめろ、と強調する。人は相手の人の言っていることが、正しいか、正しくないかなどは関係なく、批判的な人には反発し、嫌悪感をもってしまう。だから自然にまかせてしまうと、批判した人に憤りを感じ、批判した内容は省みないことになる。

カーネギーは、人の本質について、

「人間は、理性の生きものではなく、感情の生きものだ、私たちの理性は、いわば、暗くて深い感情の嵐の中を漂う小さなカヌーのようなものである」

としている。

理性の心もとなさを強調しているが、それでもその理性によって、批判を真摯に受け止めるべきであり、そうすることにより、自らを冷静にみることができ、物事に正しく対処することが可能になるのである。

ただ、人はどうしても、周りからの評価を気にしてしまう。自己評価を下げるような批判を避けて、高い評価を守ろうとする行動を積極的にとることが実証されている。この傾向は対人心理学でも、セルフ・ハンディキャッピングとして、研究されている。

セルフ・ハンディキャッピングとは、自分にわざとハンディをつけるという心理とそれに伴う行動のことである。わかりやすい例をあげると、学校のテスト直前になると、学生は、口々に
「夕べは、テレビ見ちゃって、全然、勉強できなかった」

「今日はカゼ気味で調子が悪い」

「全然、眠れなくて……」

などと言い合う。これはテストができなかったときの言い訳をすでに予防線として張っているのである。なぜかというと、もし何も言わずに試験を受け成績が悪かったら、実力がないことがはっきりし、頭の悪いことが皆に知られてしまう。し

かし、成績が悪く出たとしても理由があると、それが原因で成績が悪かったと言い訳ができ、その実力が出せなかった理由づけができることになる。

つまり、実力の評価は保持されるのである。にもかかわらず成績が良かったら、ハンディを背負っていてもできることを証明し、実力があることを皆に知らせることができる。

どちらになっても、自分の実力の評価を下げずにすむことになる。姑息なやり方ではあるが、人はそれくらい周りの人からの評価を気にしているのである。なかには、言い訳を本当に実行してしまい、テストの前日になると、テレビばかり観たり、外出したりして、周りだけでなく自らも納得のいく言い訳をつくり出す人もいるくらいである。

この心理の実証的研究から、人は他の人から、実力や能力を批判されることを恐れていることを明らかにしている。人間のもつ、弱い一面が実験によりさらけ出されているのだ。


良薬は口に苦しと言われるように、真摯な批判は、その場では嫌な感じがして

も、それを受け止め反省することにより、一歩前進することになる。そして、もし、その人が本当に自分のことを思って批判してくれたとしたら、それこそ真の友なのである。真の友を得ることは、カーネギーの人を動かすことの根本であり、また、道を開く、大きな礎となるのである。

カーネギーは、ホイットマンの言葉を引用し、

「君は、君を賞賛し、君に親切にしてくれた味方だけから、教訓を学んでいるのかね。君を拒否し、対立し、反論し続けた人たちから、大きな教訓を学んでいないのかね」

と問いかけている。

カーネギーは、不当な非難を受けたと感じたときに、自分にこう伝えようと言っている。

「ちょっと待てよ。自分はとても完璧な人間などではない。あのアインシュタインだって99%、自分が間違っていると認めている。だから私も80%くらいは間違っているだろう。そうしたら、この批判は合っているかもしれない。そうだとしたら、

それに感謝すべきである。そして、それをもとに改善に向かって努めよう」
なかなかできることではないが、この冷静さと心意気を学んでほしいと思う。

対人関係の心得

小人はわずかな批判に逆上し、賢人は批判した人から学ぼうとする。

3

カーネギーの教えを体得する実践トレーニング

『人を動かす』『道は開ける』の要諦を実践から覚える

上司がしてはいけない12の言動

私たちは、幸せを求めている。幸せを感じやすいシチュエーションの一つに、「親しい人と一緒に楽しいときを過ごすとき」がある。親しい人と良い関係を続けることにより、幸せを感じることができる。その親しい人との関係を深めるには、あなたがその人を好きになり、尊敬（リスペクト）することが大切である。同時にその相手の人から、あなたが好かれ、尊敬（リスペクト）される状態でもある。相互に、好意を持ち、リスペクトし合う関係が、親しく楽しい関係で、それを続けることが幸せな人生となる。

人を好きになったり、リスペクトしたりすることは、自分からできる。では、人から好かれ、リスペクトされるには、どうしたらよいか。カーネギーの考えをベースに、実践できる具体策とそのトレーニング方法を伝えるのが、この章のテーマである。

カーネギーは、人に好かれるための方法を『人を動かす』の中で説き、人間関係の悩みの解決を『道は開ける』で説いている。そして、人を動かすための要点として相手から好かれ、友人になることで、自分の言うことを聞いてくれるとしている。「まずは人に好かれることだ」という主張だが、日本人の人間関係から考えると、好かれることより、まずは嫌われないことから始まることが大切だといえる。自己主張せず相手に合わせ、その場の空気を読んで、嫌われないように発言し対応する。日本人の対人関係における初対面の消極性はここに原因がある。このような配慮があって、温厚な人間関係が生まれるのである。

しかし、このような気遣いがみられない場面が一つある。それは初対面ではなく、親密な上下関係にある職場の人間関係で、上位の立場に立ったときである。上司として部下に対するとき、このときばかりは、日頃の気遣いや気配りが消えてしまい、権威的言動がストレートに部下に発せられる。部下としては、その状況を受け入れざるを得ない。それが、日本の職場の風土（空気）となっているのである。このような上司の言動こそが、職場の人間関係を悪くしている元凶である。部下はもちろん、表向きは上司の命令に従い、口で反発はしない。だから、上司は部下の心のざわめきに気づかない。「部下は心から自分に従っている」と思い込んでしまう。誰でも、命令され、叱られて、喜ぶ人はいない。上司は権威的行動が当たり前になっているので、嫌がる部下の気持ちに配慮することができないことが少なくない。

そして思い余った部下の反発を受けて、初めて気づく。しかし、部下の反発を受けて気づいたときは、もう手遅れである。そうなる前に、上司は、気をつけなければいけない。部下の嫌がる権威的言動を自らの意志で、抑えなければいけないのである。それは、難題ではあるが、意識すればできることである。権威的な言動を抑えなければ、部下との良好な人間関係は築けない。それは、簡単なことであるが、実行するのは難しい。しかし、これさえ、実行すれば、あなたは部下から嫌われず、好かれるのである。

以下に、上司と部下の日頃の言動について12項目があげてある。

各項目について、**「あなたが上司に対してこれらの言動をしているか」**を考えてほしい。よくしている場合は◯、たまにする場合は△、してない場合は×を、各項目の下の**上のカッコの中**に書き入れてみる。

次に、同じ項目について、**「あなたが部下に対してこれらの言動をしているか」**どうか、**下のカッコの中**に同じ基準で◯△×をつけていく。

	対上司	対部下
1　指示、命令をする	（　）	（　）
2　評価する	（　）	（　）
3　非難する	（　）	（　）
4　怒る	（　）	（　）
5　脅す	（　）	（　）
6　アドバイスする	（　）	（　）
7　説教する	（　）	（　）

8　自慢話をする　（　）（　）
9　相手の話を取り、自分の話にする　（　）（　）
10　プライベートを質問する　（　）（　）
11　相手の感情を受け入れない　（　）（　）
12　感謝やお礼を求める　（　）（　）

印をつけ終ったら、上の欄（対上司への言動）と下の欄（対部下への言動）の○△×を比べてみると、上の欄には、ほとんど○△はなく、下の欄には○△が散見される、という結果になったのではないだろうか。

いずれもすべて権威的な言動で、対人関係を悪くして人から嫌われることが容易に想像できる項目ばかりである。普通の感覚だと、上司に対してそんな言動はとらない。ところが、同じように嫌われたくないはずなのに、部下に対しては不用意に、これらの言動をとってしまいがちなのである。権威を行使する〝魅力〟が勝り、嫌な態度をとることで部下から嫌われてしまう。気づかないままに、墓穴を掘っているようなものである。

対人関係を良くして、人から好かれようとする場合、まず大切なのは相手に嫌われないことである。ということは、これら12項目のような言動を、意識して、抑えること、慎むことが肝要となる。職場の人間関係、特に部下との人間関係を良好にしようとしたら、まず、このようなトレーニングを始めることで、目にみえて部下から嫌われなくなり、次の好かれるステップに進むことができる。

この12項目が、この項のトレーニングである。それぞれは、部下と良好な人間関係を築くために、カーネギーの『人を動かす』『道は開ける』のエッセンスを中心に、心理学者ネルソン・ジョーンズらが提唱している内容を参考に私が独自に作成したものである。

ネルソン・ジョーンズは、著書『思いやりの人間関係スキル』の中で、人間関係を良好にするにはまずは、聞き手になることだとしている。いわゆる聞き上手こそ人間関係を親密にするカギだと強調する。しかし、そうはいってても聞いてばかりでは、会話はもたないし、人間関係は深化しない。自分から話すことも大事である。

親密化のためには、話すことの内容は自己開示的なことが良いとされる。重要なことは、人間関係を深めることを阻害するような会話をしないことだとしている。相手が固まり、身構え、防衛的になるような会話の進め方をしないこと、そのような言葉を発しないことを意識するのである。

ところが実際には、ネルソン・ジョーンズに言わせると、私たちの日常会話は、そんな思いやりのある会話ではなく、エゴとエゴをぶつけ合っているような会話が多い。自己中心的会話は、互いに安心して心を開いて話ができず、人間関係が親密にならない。先ほどの12の言動は相手を防衛的にしてしまうので、できるだけ使わないようにする必要があるとしているのである。

ネルソン・ジョーンズがあげているこれらの禁止項目は、私がみるところによると、特に職場で上司として、部下に接するときに多用しがちな言葉の典型例である。このような言葉が日常的に飛び交っていれば、職場の人間関係がうまくいかないのも納得できる。そこで、これを私は特に職場の人間関係に応用し、上司として、部下との人間関係を良好にするための秘策として、ここに12項目の意識改革の方法を取り上げたのである。日本のようなタテ社会の職場の人間関係で、上下の関係を良くするには、これらを上司が習得し、部下との関係に反映させることが、最も重要となると思われる。ここで、各チェック項目を説明していくことにする。

1 指示・命令をしない

部下が職場で嫌なことの一つは、上司から、自らの意図とは別の角度から、指示・命令されることである。自主性が奪われ、自らの存在意義が上司のロボットのように感じられてしまう。「屈従」は人間関係の主要なストレス源である。だから上司が指示・命令しないことにより、部下と良好な関係が保たれることになる。部下に、あれをやれ、これをやれと言わないこと、それが部下との人間関係を良好にする第一の方法である。

「指示、命令なしでどうやって仕事をすすめていくんだ。適切な指示、命令することが上司の仕事であろう」と反論したくもなるであろう。

もちろん、その通りである。

実際にネルソン・ジョーンズも、禁止事項とはしているが、絶対にするな、とは言っていない。ましてや、部下に対して指示・命令なしで仕事ができるわけがない。問題は程度である。多くの社会心理学の実験で示されているが、パワーバランスの上位者は、「権力の堕落」に陥ることが証明されている。つまり日常から、指示・命令をやりすぎるのである。それが部下からみると、威張る上司と映り、煙たがられるのである。

指示・命令は、最小限にすること。意識して減らすこと、これが大事である。そして、命令ではなく、指示をするように心がけることである。

2　評価をしない（特に理不尽な悪い評価をしないこと）

上司は部下に対して遠慮・配慮が足りないケースが少なくない。頭に浮かんだことを吟味しないで、いきなりストレートに口に出し、部下の行ったことに対しても評価をすぐに下す。

「そのやり方はまずいよ。幼稚すぎるよ」

部下は自分が失敗したのは自分でわかる。自分で失敗したな、と思った瞬間に重ねて上司から、悪い評価がとんでくるのはヤル気を削ぐ要因となる。「そこまで言わなくていいのに」と心の中では思ってしまう。それが上司に対する関係を悪くしてしまっている。部下は自ら気づいているのだから、上司は悪い評価を口にする際に、タイミングを考えなければいけないのである。「口から出そうになった評価は今、伝えるべきなのか」という判断が、部下との良好な人間関係を築く重要なポイントなのである。

3 非難しない

カーネギーが『人を動かす』で強く説いたのは「非難しないこと」である。しかし、上司は部下を非難しやすい立場にある。

「だめだ、そんなことでは。きちんと、考えてやれよ。」

上司はたいてい、その業務について部下よりも知識や経験がある。仕事のことは、部下よりも十二分によく知っている。部下のミスにもすぐ気づき、指導する立場にあるので、それを指摘しやすい。「正しい方向に導く」ことが仕事だと思って、指導しているつもりである。

しかし、部下にとっては、それが非難・批判と聞こえる。自分は一生懸命やっているのに非難されている、とストレスを感じてしまう。そんな上司の指摘は仕事としてはありがたいが、人間関係としては嫌な感情が残ってしまう。上司は、指摘するとき、非難を含まないようにしなければいけない。

4　怒らない

上司はどんなに自分の方が正しくても、腹を立てて怒ってはダメである。部下は怒られたら、どんなに自分が悪くても、怒られたことに腹を立て、怒った上司の言うことなど受け入れなくなる。受け入れないどころか、逆ギレして、嫌悪感をもつ部下もいる。

誰もが、自分が正しいと思ったときは、感情的に怒りをぶつけたい。これは、心理学で有名なフラストレーション攻撃理論からも予測ができる。しかし、その理論でも説いているように、それがすべて、直接、相手に向かうことはない。むしろ、別の攻撃対象を探して、そこにぶつける。上司は部下に怒りを直接ぶつける。欲求不満のぶつけ先にもなりうるのである。だからこそ、部下に対して必要以上の怒りを意識して抑えなければいけないのである。怒られて歓迎する人はいない（あとから「あのとき怒られたことは、ありがたかった」という人はいるが、その時点では、反感と嫌悪感でいっぱいになり、憎悪までする)。「あのとき」よりも、今、部下との人間関係を良くしておくこと、反感をもたれないことが重要である。

5 脅さない

部下が上司から叱られる以上に怖がることがある。それが脅しである。

「そんなこともできなければボーナスはなしだな」

冗談でも上司は、降格や給与の引き下げについて部下に言ってはいけない。上司は部下の生殺与奪権を握っている立場だからである。部下は、上司が考えている以上にそのことを気にしているのである。これらの脅しは、非常に効果があり、部下を震えあがらせる。脅すことで部下は一時的によく働くようになることもある。自分の思った通りによく動くので、上司はまた脅しを使いたくなる。しかし、これを使うと人間関係の修復は不可能な状態になる。脅しは、麻薬のように、使い続けることになり、関係は悪化の一途をたどってしまう。

6　アドバイスをしない

「上司として、部下にアドバイスするな」と言われたら、「いくら何でもそれはないでしょう」と正面から反論されそうである。「怒らないこと、ならばわかる、気をつけるつもりだ。しかし上司として、部下に仕事のアドバイス、時には人生のアドバイスをするのは上司の務めではないか」と言いたくなるだろう。しかし、ネルソン・ジョーンズも、『親業』の著者、トマス・ゴードンも、相手にアドバイスをしないことが、良好な人間関係を築くときの要である、としている。

なぜ、アドバイスが、人間関係を阻害するか。部下にとっては、アドバイスが、自分に対する非難・批判と受け止められ、上司により、自らの言動を方向づけられてしまうように感じるからである。上司のアドバイスにより部下は、人にとって最も重要な、自由な行動と自己重要感の充足の両方を、奪われてしまう、と考えてしまうのである。

心理カウンセリングの大家、カール・ロジャースの初期のカウンセリングの基本は、ノンディレクション法（非指示療法）であった。つまり、相談に来たクライアント（相談者、患者）に対して指示しないこと、これがカウンセリングのやり方だとしたのである。悩んだ末に相談に来た人に、指示しない、つまり、アドバイスをしないことが治療法だというのである。そうしないと、カウンセラーとクライアントの心のつながり（ラポール）は成立しない。心のつながりが成立しなければ、心の悩みは解決することはできないというのである。

職場の上下関係も同じである。これを応用することである。つまり、上司は部下と親密な人間関係を築くためには、アドバイスしたい気持ちを抑え、アドバイスをしない方がいいのである。

7 説教をしない

居酒屋での上司の悪口には、「うちの上司、説教が長くてね」「説教好きなんだよね」「聞き飽きたよね」など、説教に関する苦言が多い。

「アドバイス」は長くなると、説教になる。部下から〝説教〟と思われてしまったら、どんな話も効果はない。ただ嫌がられ、人間関係を悪くするだけである。しかし人は、下位者に対する説教が好きなのである。

説教はカラオケのようなものである。

本人は得意気であるが、誰も聞いていない。早く終わればいいと思っている。説教はカラオケよりもタチが悪く、部下には順番が回ってこない。上司が、とくとくとしゃべればしゃべるほど、部下は嫌悪感を生じてしまう。良い関係を築こうと思っていたら、「また説教か……」と思われる前に、やめることである。

8 自慢話をしない

説教をするマインドに近いものとして、自慢話がある。長い自慢話、若い頃の武勇伝をすることは上司としては気分がいいもので、ついつい長くなる。部下たちは「またか」と目を合わせるが、あえて止めはしない。しかし、歓迎はされていない。

高揚感たっぷりの自慢話は、部下にとってメリットを見出しにくいものであるし、過去の栄光と現在の仕事の現場が実情に即していない場合、ただの迷惑に陥ってしまう。説教によって人間関係を深まることはなく、人間関係を悪化させる要因の一つになってしまっている。

9 相手の話を取り、自分の話にしない

部下が上司に話を聞いてもらおうと話し始めた矢先、

「そういえば私もね」

と話を取り、自分の話にもっていく人が少なくない。こんなときほど、部下はがっかりする。上司としては部下の話に同感し、自分の同じような体験から導き出す教訓などを伝えるのは、悪くないと思っている。しかし部下としては、自分の話を聞いてもらいたいために、切り出した話である。それを取り上げられてしまうと、不満が残るだけである。そして上司は、自分のことだけ考えている上司として、もう自分のことを真剣に話す気を失わせてしまうことになる。もちろん良好な関係は築けない。さらに部下のヤル気を減退させる聞き方として

「そういえば、その話で思い出したけど……」

「話は変わるけどね」

と、平気で話題を変え、自分の土俵にもっていこうとする上司がいる。部下は唖然とするが、止めるようなことはしない。また上司の関係のない話につきあわされるのか、とうんざりした様子になる。しかし、上司は自分の話したい話があるの

で、その様子に気づかない、たとえ気づいても自分のしたい話で頭はいっぱいなので、そのまま自らの話を進めてしまう。これでは一見、会話は弾んだように感じられても二人の関係は深まらない。部下の心は、閉じてしまっているのである。

10　プライベートな質問をしない

「奥さんと最近、うまくいっていないの？」

「お子さん、大変なんだって……」

人間は詮索好きである。不幸話などプライベートな話題は、ついつい聞きたくなる。しかし当の本人にとっては知られたくないこと、話したくないことである。だから尋ねられても、答えない。しかし上司から問われると、無視するわけにもいかず大いに困惑する。そこで上司は詮索をやめればよいが、立場を利用してさらに問いつめることがある。上司としてはたいしたことではないと思っているが、個人的な秘密をしつこく聞き続ける行為は、部下の反感を買うだけで百害あって一利なしである。

11 相手の感情を受け入れようとする

会話の流れから、部下が実は上司にも触れてほしい話題がある場合……。もし人伝てに聞くなど、事前にわかっているときは積極的に問うのがいい。

「最近、新車、買ったんだって」

など、部下はその詳細を話し始めるだろう。また、部下は上司に共感を求めて、真剣に相談したくて話すことがある。そのようなときは、冗談を言ったり、笑ったりしないで素直にその感情を受け入れ、同意をしながら傾聴することが大切である。そこで初めて部下との良好な人間関係が築ける。

12 感謝やお返しを求めない

部下にお礼を言ってほしい、感謝をしてほしいと思っている上司は少なくない。実際、部下も上司に助けられたときは感謝し、またお礼を言う、しかし上司は、もっとお礼を言い、感謝してもらいたいと思っている。そして、それを口にする

「お礼は？」

「あいつ感謝が足りないんだよね」

など冗談めかして、周囲に言うことがあるが、実はこれは本心の表れでもある。このような、感謝を求めるようなことは、決して言ってはいけない。部下は既に、十分お礼をし、感謝をしているのである。

上司は部下のお礼や感謝によって、部下に対してしっかり面倒をみていること、それを部下から評価され尊敬されていることを確認したいだけなのである。結局、自分は信用されていないのではないかという不安を、部下からのお礼により払拭したいのである。その不安が強ければ強いほど、部下に対して、お礼や感謝の言葉を求めてしまうことになる。すると部下は閉口し、上司を恩着せがましい人と感じてしまい、感謝の気持ちが薄らぎ尊敬の気持ちがなくなってしまうのである。「上司は部下を助けて当たり前で、お礼や感謝は一度でよい」と思わなければいけない。そうすれば部下からの評価は上がり、良好な人間関係が生まれるのである。

人間の信頼関係が崩れるケースは、ある日突然、気づかされることが多い。感情がもつれてしまうと、修復するのは難しくなる。日頃のトレーニングが肝要といえる。組織の上下関係の中で、互いを尊重し合い円滑な人間関係を築くことは、自分の心がけ次第でいくらでも改善していくことができる。12の項目を意識して、部下をげんなりさせるフレーズを使うことを、できるだけ避けるようにしたい。

上司が、もっと話したくなる部下の「相づち」の極意

ここからは、上司に対する部下としてのふさわしい言動がテーマとなる。日本では、組織の中の人間関係として、タテの人間関係が形成されるケースが多い。会社などの「上司と部下」といったフォーマルな関係だけではなく、「先輩と後輩」など、プライベートな関係もタテにつながっていることが多く見受けられる。このような関係は、鍛冶場の師匠と弟子のような関係であり、会話も対等ではなく、上司や先輩が大半を話し部下や後輩が聞き手になる。このとき、聞き手がただ聞くのではなく、いかに、うなずきを入れて、相づちを打てるかによって、会話が円滑になり関係が良好になっていく。コミュニケーションの良好さを左右するのは、しゃべ

る方ではなく、聞く方の態度と相づちなのである。

実は話の内容や進み方も、話す側ではなく、聞き手の相づちによって左右される。話し手は、自分の話に聞き手がどう反応しているか、いつも気にしている。一息つくたびに相手の顔を見て表情を探る。そのとき、適切な相づちが入れば、話はその方向に向けられることになる。話し手は聞き手が、歓迎する話をしようとする。このため、聞き手の相づちの打ち方により、話の方向が決まるのである。聞き手は、相づちを打ったり、打たなかったり、大きく打ったり、小さく打ったりすることにより会話の主導権を握ることになるのである。

相づちは、上司や先輩が長く話す話の中に、部下や後輩が会話を円滑にするため、上司や先輩が、乗ってさらに話しやすくするための短い合言葉である。上司が話の息をつぐときなど、タイミングよく間を入れる合言葉である。決して相手の話を取り上げ自分の話にしてはいけない。否定も基本的にはやらない。盛り上げるため、基本はほめることである。カーネギーは、人から好かれる基本は、相手をほめ、その人の自己重要感を充足させることだとして、その、ほめ方について具体的に説いている。しかし、アメリカでは相づちといっても、「オーケー」「ライト」

「オーライト」「イエス」ぐらいの言葉で、相手を一言でほめる相づち言葉は少ない。

しかし、日本では、ほめ言葉としての相づちがあるので、それを覚えて意識的に使うトレーニングをするのが上司との関係を良好にする効果的方法である。相づちにもいくつかの種類があるのでその具体的トレーニングについて、順次、実際に使う言葉をあげながら、話を進めていくことにする。

1 評価の相づち

まず、基本的な相づちとして、相手を評価するものがある。一言で相手をほめるような言葉である。一般的相づちの基本は話し手の自己評価を高め、自尊心を充足させる、「さ」「し」「す」「せ」「そ」だと、言われている。覚えやすく、使いやすいので、まずは、この5パターンを覚えて使いこなしたい。
▼「さすが」……「部長、さすがですね」と部下から言われた部長は、自己重要感が十二分に満たされ、それをタイミングよく言った部下を憎からず思うことになる。
▼「知らなかった」……「部長、それは知りませんでした」と部下から言われた部長は、自分の知性や知力、情報収集力など評価されることになり、上司として部下

から頭の良さをほめられていることに満足することになる。頭の良さを誇っている上司にも、知的な面に自信のない上司にも、効果的な一言である。

▼「すごい」……部下の「部長、すごい」という一言は、他の言葉を圧倒して部長に自己確信をもたらす。たいていのほめ言葉が軽くなり、ウソっぽくなるのが通常である。「はい」も1回なら了承されたか、一安心するが、「ハイ、ハイ」とか「ハイ、ハイ、ハイ」と言われると、不信感がつのってしまう。しかし、「すごい」は違う。「すごい、すごい」と言っても、しつこくもならず、ウソっぽくもならない。その分、評価されていると思い、満足感が増す。また、「すごい」は強い感情を含む言葉なので、生理的にも興奮し、その分、自己満足が増すといえる。きわめて、使い勝手のよい相づちである。

▼「センス、いいですね」……女性だけでなく、男性もセンスがいいとほめられるとうれしい。センスをほめられると、自分の違った側面をほめられたような気がして、格別の感をもつ。上に立つ立場の人は権力的であったり、エネルギッシュであったりと、ほめられる機会も少なくない。しかし、センスがいいというほめ方は、力（パワー）の賞賛とは違う。自分の隠されている面あるいは人間的に魅力的

な面に気づいてくれて、評価されたと思うのである。仕事の能力や社会的地位だけではなく、人間的な一面を評価されたことにより、上司の自己重要感を拡充する。他の評価とは違った。くすぐったい感じの効果を発揮すると言えよう。

▼「そうですよね」……これは、良い評価の言葉でもあるが、共感の意を伝える言葉でもある。組織の中で、往々にして会話をリードし、大半をしゃべるのは、上司であり先輩である。そんな上司や先輩でも、絶対権力者でもない限り、聞き手の様子は気にしている。自分の話が受け入れられているかどうか、嫌われていないだろうか、と聞き手をチェックしているのである。聞き手に受け入れられているかどうか、若干の不安があるから、そこで一瞬、会話をやめて様子をみる。まさにこのタイミングで

「そうですよね」

という相づちが得られれば、ほっと満足して話を続けることになる。

2　同意の相づち

一見、一方的に話を進めているような人でも、ほとんどの上司は、どこかで会話

を区切って、聞き手の目をみて話を続ける。それは、この話題のまま続けて良いかを確認する。その時に話し手を満足させるのが、同意の相づちである

▼「ハイ」……話を聞くときに軽くうなずきながら、

「ハイ」

と言うだけで、話し手は自分の発言が全面的に支持されていると思い、気を良くして話を続けることができる。ただし、「ハイ」という相づちは気をつけなければならない。「ハイ」を重ねて「ハイ、ハイ」という相づちになると一気に逆効果となる。「ハイ」1回だと、同意を示すが、2回と言われると、本心では同意してないのでは、と疑いが生じ、「ハイ、ハイ、ハイ」と3回も言われるとこの疑いはさらに大きくなり、人によってはバカにされていると思ってしまう人もいるので「ハイ」は、要注意の相づちである。

▼「同感です」……同感は感情的に同意するということから、同じ意見というよりも心情的に親しさが増す。さらに「全く」を加えて、「全く、同感です」と言うと、上司は味方を得たと感じ、より重要感が満たされる。

▼「当然ですよね」……当然という言葉には、正義感とそれが満たされていない憤

りが生じるので、感情的な興奮が含まれる。この相づちを聞いた話し手は、自分の正義感が満たされ、憤りが正しく解決され社会的に是認されることに快さを感じる。「同感です」同様に、味方を得た充実感をもつ、一緒に闘ってくれるような仲間を得た感じを生じさせることになる。

▼「大事なことですね」……自分が重要なことだと思って、周りの人に話してもなかなか理解されず、悔しいというか、情けなく思っていたところに、相手の人から、「それは大事なことですね」と同意されたらうれしいの一言である。

「たしかに、それって、大事なことですよね」

と共感され、同意されると、カーネギーの言う満たされにくい自己重要感が、十分に満たされるのである。そう相づちを打ってくれた部下や同僚に、好意をもたないわけがなく、さらに話を進めたくなる。

これら同意の相づちには、「たしかに」という修飾語を頭につけ加えると、さらに、効果的な相づちになるので、バラエティを増やしていきたい。

3 促進の相づち

「もっと話を聞きたい」という意を伝えて、話題をより深く進めさせる促進の相づちは、疑問系を入れながら相手の満足感を満たすことができる。

▼「それで?」……聞き手から、「それで」と続きを催促されるような相づちを打たれると、話している内容への評価の不安は一気に払拭される、続きを話し始めることになる。このときは、話を聞きたい人に「話してあげる」という満たされた関係の中で話を始めることができるので、話し手としては気分は上々である。そういう気持ちに話し手をさせるのが、この促進の相づちである。

▼「本当ですか?」……話している内容に、「本当ですか?」と疑問を投げかけるのは、従来は不信の表明であったが、今では、立派に相づちとして認められている。言葉は時代とともに変化する典型の一つである。

▼「もうちょっと話してくれますか」……話し手が、もっともっと話したいと勢いづいているときは、前述したように「それで?」「ホント?」と言った短い相づちが良い。しかし、話し手が、続きを話すのを躊躇している場面もある。本当は話を続けるか、戸惑っている場面もある。そんなときは、話の続きを催促する促進の相

づちが有効である。「その先をもっと聞きたいですよ」「その先、どうなったんですか？」など。相づちにしては少々長いが、この具体的催促により、話し手は、話し続けることになる。相づちの言葉のバックアップによって話したいが、どうしようかと思っていた迷いがふっきれると、また、熱心に話し始めることになる。そこにはその相づちが「私の話を聞きたいと思っているのだ。期待しているのだ、その期待に応えよう」という話すことへの自信を後押ししているのである。

4　ポジティブ共感の相づち

本書は一貫して人間関係を良好に保ち、親密化するには二人の間の感情の共有が大事であり、そのためには会話はできるだけ共感し合えるような言葉をやりとりすることだと伝えてきた。相づちの中でも、共感的相づちが、相手の気持ちを和らげ、自分のほうに引きつける最も有効な方法であるといえる。

▼「うそっー」……前項の促進の相づち「本当ですか？」の対語として「うそっー」があるとすれば、うそっは、促進の相づちといえる。確かに、「うそっ」と言われると、イヤ、ホントなんだよと、その先を話したくなるので促進の相づちの一つと

いえる。しかし、「うそっ」には、それ以上に、この言葉が発せられると、感情的になる。この相づちは評価や同意よりも、共感を表すのに適していて、共感的相づちとして広く受け入れられてきている。

▼「楽しいですね」……「それは愉快ですね」「それは楽しいですね」「うれしくなりますね」など、感情語を含んだ相づちは、評価的相づちや同意的相づちよりも、自らの感情を表現しているので、話し手のほうも受け入れやい。心理学でいう、グッドフィーリング効果とは、おいしい物を一緒に食べたり、快い音楽を一緒に聴いていたり、快適な環境にいる二人は、好意をもちやすいという心理効果である。話し手は本人が面白く楽しい話をしている、聞き手が、それを面白い、楽しいと感じ、それを相づちとして発すると、二人とも面白い楽しいという感情を共有することになり、お互いに好意が育まれることになる。プラスの感情がさらにプラスの効果をもつことになるといえる。このため、ポジティブな共感の相づちは、直接的に、双方に親密な感情を生みだすことになるといえる。

5　ネガティブ共感の相づち

これまで、あげてきた各カテゴリーの相づちはいずれも、ポジティブな言葉である。しかし、共感の相づちには、ネガティブな言葉もある。この相づちは、相手が話している内容がネガティブな場合、その話し手の心情に共感して、その気持ちにぴったりのネガティブな共感的相づちを打つことである。話し手は自分のネガティブな感情を聞き手が察して、共感的に対応してくれると、自分の言いたいことが理解され、感情が共有されたことを知り、一体感を強く感じることになる。

ポジティブな共感とは違って、より深いレベルでの感情を共有できたと感じるので、親密さはより深くなる。ネガティブな表現なので、話し手が本当にそう感じているか、ポジティブな表現よりも注意深く発言しなければならないが、タイミングが適切であれば、きわめて効果的な相づちといえる。

▼「ひどい」……上司のネガティブな内容に、「それはひどいですね」とか、「それは許せないですね」とか、話し手が不満をもっている相手を批判するような共感的相づちは、話し手が自分の思っていることをぴったり、そしてはっきり言ってくれたと心に強く残ることになる。そしてこの相づちは、促進的な意味ももつ。内容に

よって人批判や悪口になるなど、ネガティブなため話し手は、この話を続けていいか、迷っている。そこに「それはヒドイ話ですよ」「許せないですね」など、自分の心情に合致した相づちを受けると、自分の不満や批判が容認されたことを知ることになり、共感してくれる人が目の前にいることを知り、話をさらにあらわにしても良いと促されるのである。話したいが、どうしたものかと考えていたとき、この共感的相づちは実に有効であり、話が進むのと同時に親密さも深まるといえる。ネガティブな内容を共有、共感することにより、いわば共通の秘密をもつので結束は高まるのである。

▼「大変でしたね」「大変だね」……人の苦労はわからないもの。上司や同僚の話には、人にはわからない苦労話が多い。その話を聞いている部下は、まず、その苦労をねぎらうことが関係を良くするために第一に行うことである。そのねぎらいの相づちが、この「大変ですね」「大変だったんですね」である。上司や先輩は、若い頃の苦労話をするが、部下や後輩にとっては、それが自慢話に聞こえてしまう。それでは、共感的相づちは打てない。相手の話の中味をしっかり聞いて、実際に苦労した点に同感し、そこに共感的相づちを打つことである。この共感を伴った相づち

は上司や先輩の心に響き、自分の心を理解する部下や後輩をもったことに安堵するのである。もちろん、そのような部下や後輩を憎からず思うことになり、話を続けることになる。これはさらに人には話さないような、部下や後輩にとって上司や先輩からの真の体験談となり、大切な経験となる。上司や先輩から信頼され、知識を得ることになる。

6　感情吐露の相づち

相手の話に同情したとき、聞き手がそのとき感じた自分の感情を相づちとして吐露するタイプである。この相づちは、相手もそう思っているので共感的相づちの一つともいえるが、話し手が、イライラしているときに、「ムカつきますね」というように、相手の感情への共感ではなく、話を聞いた聞き手の心情の吐露が中心の感情的相づちである。

▼「寂しいですね」……話し手として期待外れの話をしたり、不満なことを話したりしたとき、聞き手から、「寂しいですね」と同情気味に、共感的に相づちを打たれたときは、話し手として、相手が自分の状況をわかってくれ、味方になってくれ

ていることに心揺さぶられることになる。話し手の感情への反応ではなく、聞き手の感情の吐露なので、話し手としては、親密さを深く感じることになるのである。「悲しくなってしまうね」も同じである。

▼「嫌ですね」……話し手の不平や不満話に、同情的に自らの感情として嫌悪感を表すのも、感情的吐露の相づちの一つであり、相手の共感を呼び起こしたり、さらに増幅したりする。ネガティブ感情の吐露であるため、ポジティブ表現よりも、一体感を強める働きがある。

▼「まいってしまいますね」「ビックリですね」……「嫌ですね」というほどネガティブな表現ではないが、話している内容が予想外のことで、期待していないもの、あるいは期待と逆のものであったとき、聞き手としてもその内容に驚かされたことを表現し、「それはビックリですね」や「まいってしまいますね」と相づちを打つのが、共感を呼ぶといえる。「そうだよね」と上司の相づちが続き、一体感を高めることになる相づちである。

▼「うらやましいですね」……「妬む」「嫉む」「恨む」は、ネガティブな感情が投影されており、相手に不快感を与えるので、相づちとしては適当ではない。それら

とは違い、「うらやましい」は、相手の性格や業績を素直にポジティブに評価する言葉なので相手をほめる相づちとして、効果的である。「いいなぁ」「あこがれますね」「あやかりたい」「ずるい！」も同じように、自分の感情を吐露しながら、相手をほめる相づちである。

以上、相づちを六つのカテゴリーに分類し、各々に具体的なフレーズを心理学分析を加えながら紹介してきた。相づちは、上下の人間関係が明確な日本の職場では、対人関係を良好にし、親密化するきわめて重要な基本的ツールであるといえる。また、口ベタな日本人も多いがそんな人にとっても、人間関係を良くするには上手に話す必要はなく、上手に相づちを打つことを意識すれば人間関係は良好になり、上司からも部下からも好かれることになる。もちろん、職場以外でも良好な人間関係を築くのに、相づちは有効な方法である。

会話が途切れない「うなずき」方のコツ

カーネギーは良好で親密な人間関係を築く有効な方法として、ほめることを繰り返し強調している。ただ、ほめればよいのか、といぶかしがる人も多いと思うが、相手とのコミュニケーションをより深めるために、前項で人間関係を向上させるスキルとして、相づちの仕方を具体的に提供してきた。さらにここでは相づちに加えて、相手を心地よくさせる「うなずき」のスキルと、具体的なトレーニングについて紹介していく。

うなずきと相づちは、人間関係の親密化する非常に重要な道具となりうる。いずれも、簡単なしぐさや発語なので会話の小道具といって良いが、その簡単さとは裏腹に、人間関係を好転させるスキル、いわば人間関係の「打ち手の小づち」のようなものである。

そこで、実際の会話の中のうなずきと相づちについて、ここで具体的なスキルを詳説する。いずれも、対人心理学の分野からみると、非言語的コミュニケーションと言語的コミュニケーションに入るので、学問的には、一緒に論じられることは少ない。

しかし、実際の場面で、二人が会話して親密化を図ろうとするとき、うなずきと相づちは一緒に行われる。また、一緒に行ったほうが、親密化がスムーズに進む。うなずきは大切で、それにより話し手は、聞き手が話を理解していることがわかる。しかし、何も言わず、ただうなずくばかりだと、話し手も戸惑ってしまう。それに、本当はあまり、乗り気ではないのかもしれないという不信感も頭をもたげてきてしまいかねない。そこに、「へぇー」「そうなんだ」「すごいね」と言った相づち言葉が入れば、不信感は払拭され、話し手は、気持ちよく話が続けられる。

うなずきは基本的に、首を縦に振り肯定を示す。相手の言うことを肯定することは、同意し評価することである。それは相手をほめることになるので、相手は話を進めることになる。ただ、うなずきは誰でもやっているし、容易にできるのであえて詳しく知る必要にない、と言うかもしれない。確かに、特段難しいことではなく、誰でも自然にできる。しかし、一見普通なことのように見えるうなずきの中に、会話を次第に好転させるエッセンスがたくさん隠されているので、以下の６つのポイントをぜひおさえてもらいたい。

▼うなずきは無意識に首を動かすのではなく、意識して「首を上に上げないように動かすこと」が大事である。実は、最初にやや顎を上げてからうなずいてしまうと、威張っている感じや、横柄な感じを与えてしまうので、好意的には評価されない。「あなたの話を聞いて、納得しています」というサインを正確に伝えるためにも、細かいことではあるが、うなずき始めから「(顎を上げることなく) 自然に顎を下げていく」ことが、ことのほか重要となる。

▼うなずくときには、意識して大きく頭を動かそうすること。うなずきの動作は、自分が思っているほどには相手から見えにくい。このためうなずくときには、意識

して、思っているより大きくすることがとても重要である。ただし、あまりに大きくするとわざとらしいので、適当な大きさでうなずくことである。

▼相づちを打たないでうなずく動作のみ場合、相手に見落とされることもあるので、1回ではなく、あえて何回かうなずくことが必要である。しかし、これもあまり多いと、わざとらしさが出てしまうので、適度な回数にしなければいけない。もちろん、相づちの言葉を入れたほうがよい。

▼うなずくスピードは相手の話に合わせる。タイミングによって、速くしたり、ときにはゆっくりしたりと、うなずきのペースを相手の心地よいタイミングで入れることで、信憑性を与えることになる。

▼うなずくベストタイミングの一つは、相手がここぞと強調したとき。人は言いたいことを言い終えたとき、うなずかれると気持ちが満たされる。また、相手が話す中で、同意を求める仕草をしたり、目を合わせたりした場合、タイミングよくうな

ずくと、安心して話を進めることができる。そのうなずきにより、信頼感を得て、より関係性が深まっていく。

▼うなずきは非言語のコミュニケーションなので、可能ならば相づちと一緒に行うのが、より効果的といえる。つまり、うなずくときは、いつも相づちや合いの手の声を出すことを心がければいいのである。うなずくときには、自然と、「うん、うん」「うーん」など、声が出ているので、それをやや意識的に声に出して伝えると、話している相手の安心感が増していく。

うなずきには、適当な相づち言葉を入れるほうがいい。また、そのほうが自然であるし、無視して聞いているのではないこと相手に伝えることができるので、自然に感じられる。この〝自然さ〟は、会話を続け、二人を親密化するうえで大事なことである。うなずきも簡単な動きではあるが、人間関係を良好にするには、相づちと同様、実に効果的である。

おわりに

現在、私は、この本の原稿の一部を韓国のソウル近郊で書いている。家族と一緒だが、訳あって家族は韓国語が年々上達している。おかげで街を歩いても、心配はなく、いろんなレストランでおいしい韓国料理を毎晩、満喫できている。楽しい旅行で、リラックスできるはずである。

ところが、1週間強の滞在予定だったが、4日目後半あたりから、気分が落ち込み、気軽に楽しめなくなった。気持ちがポジティブにならないのである。頭痛もしてきた。

どうしてだろう。それは私から自己コントロール感が失われてきたからである。街を歩いても、レストランに入っても、ハングルであふれている。当然のことだが、意味がわからない。何のお店かわからない。ハングルは表音文字なので、読もうとすれば、なんとか読めるが、読めても意味がわからないので意味はない。

誰かが、ソウルの街を歩くとハングル酔いになる、と言っていたが、まさしく、その状況である。アルファベットならまだしも、ハングルだけが目に入ってくるので、目が重くなってしまう。そのうえ、これも当然だが、言葉が通じない。コミュニケーションがとれない。このため、勢い、家族の言う通りに動き、そのあとをついていくことになる。やりたいことがあっても、家族に頼み、やってもらうしかない。こんな日々が3日も続くと、最初は気軽だが、自由が利かないため、だんだん憂鬱になってくる。コントロール欠乏感に襲われ、これが、気分を浮かないものにしているらしい。

自己コントロール感、つまり自分の行動は自分で決定し、行動できるという感覚が、いかに心の健康上大切か、普段は気づかないが、こういう状況で、気づかされる。人の心の健全さは、ポジティブ・イリュージョンが根底にあるとするテイラーの考え方の一つに、自己コントロール感があげられているが、私が、ソウル近郊でこのコントロール欠乏感を体感していると、これまで以上に納得できるのである。
自分を自分でコントロールできるという感覚が必要であり、それが少々過大のほうが、積極的に生き生きと生きていけることはうなずける。小さな企業の社長は皆さん、元気がいい。それは、会社のトップに立ち会社をコントロールしているので、心が元気なのである。そう思うと、〝鶏頭となるも牛後となるなかれ〟という中国の故事がなるほどと頭に浮かんでくる。

対人心理学の分野の研究は進んではいるが、実際に日本の私たちの人間関係は良くなるどころか、ますますギスギスしているとも思われる。伝統的な日本の人間関係が失われていると嘆く人もいるが、人間関係は時代とともに変わる。その社会環境の変化に対応した人間関係が生まれ、その中で、人はより良い人間関係、親密な人間関係を築いていかなければならない。時代は変わっても、基本は変わらない。良好な人間関係は、相互に相手をリスペクトし、相手から好かれることでつくられていく。本書を通じて具体的な上下関係のもと、カーネギーの提唱する「人をほめて」良好な関係を築き、たとえ悩むことがあっても「悩みには正面から対峙せず、意識の外に追いやる」ことで、人間関係をより親密にしていただければ幸いである。

二〇一六年三月　　齊藤　勇

参考文献

『人を動かす』（D・カーネギー／山口 博訳／創元社）
『道は開ける』（D・カーネギー／香山 晶訳／創元社）
『思いやりの人間関係スキル』（R・ネルソン・ジョーンズ／相川 充訳／誠信書房）
『それでも人は、楽天的な方がいい』（シェリー・E・テイラー／宮崎茂子訳／日本教文社）
『人間関係の秘訣はカーネギーに聞け』（齊藤 勇／三笠書房）

齊藤 勇（さいとう・いさむ）

対人心理学者。立正大学名誉教授、大阪経済大学客員教授、ミンダナオ国際大学客員教授。日本ビジネス心理学会会長。1943年生まれ。早稲田大学大学院文学研究科博士課程修了。カリフォルニア大学留学。文学博士。専門は、対人・社会心理学。特に人間関係の心理学として、対人感情の心理、自己呈示の心理などを研究。マスコミやTV出演などで、啓蒙的な心理学の普及にも尽力し、TV番組「それいけ!!ココロジー」の監修を務めるなど、心理学ブームの火つけ役となった。『心理分析ができる本』（三笠書房）、『図解雑学　見た目でわかる外見心理学』（ナツメ社）、『イラストレート　人間関係の心理学』（誠信書房）、『なぜ、嫌われ者だけが出世するのか?』（プレジデント社）など、編・著書・監修多数。企業社会や学校などで起こる「人間の足の引っ張り合い」や「いじめ」に関して、社会心理学者としてユニークでわかりやすい論陣を張る。

実践版
カーネギー

2016年5月3日　第1刷発行

著　者　齊藤 勇
発行者　長坂嘉昭
発行所　株式会社プレジデント社
〒102-8641 東京都千代田区平河町2-16-1
平河町森タワー13階
http://www.president.co.jp/
電話　03-3237-3732（編集）
03-3237-3731（販売）

装　幀　水戸部 功
装　画　山本重也
販　売　桂木栄一、高橋 徹、川井田美景、森田 巌、
遠藤真知子、塩島廣貴、末吉秀樹
編　集　岡本秀一
制　作　関 結香、坂本優美子
印刷・製本　凸版印刷株式会社

ISBN 978-4-8334-2172-0

Printed in Japan